Bebês SuperEspertos

PLAYGROUND
livros para uma nova consciência

Este livro é dedicado a todos os maravilhosos bebês do mundo inteiro.

Agradecimentos especiais a

- *Anne Meeker Miller, que contribuiu com as brincadeiras gestuais;*
- *Minha querida editora Kathy Charner, com quem trabalho há muitos anos;*
- *Larry Rood e Leah Curry-Rood, que me ajudaram e encorajaram o meu trabalho.*

Jackie Silberg

Bebês SuperEspertos

BRINCADEIRAS PARA CURTIR E APRENDER

1ª edição
São Paulo / 2014

EDITORA GROUND

Título original: *Baby Smarts: games for playing and learning*
publicado por Gryphon House, Inc.
www.gryphonhouse.com

Tradução e adaptação: *Dinah Abreu Azevedo*
Projeto gráfico, editoração e revisão: *Antonieta Canelas*
Ilustrações: *Deborah Johnson*
Capa: *Niky Venâncio*

PLAYGROUND

PlayGround *é um selo da Editora Ground dedicado ao desenvolvimento do bebê e da criança nas áreas da saúde, alimentação, técnicas corporais, brincadeiras, relaxamento e cooperação.*

CIP-BRASIL. CATALOGAÇÃO NA PUBLICAÇÃO
SINDICATO NACIONAL DOS EDITORES DE LIVROS, RJ

S576b
Silberg, Jackie, 1934-
Bebês superespertos : brincadeiras para curtir e aprender / Jackie Silberg; [ilustração Deborah Johnson] ; [tradução Dinah Abreu Azevedo] ; [editoração e revisão] Antonieta Canelas. - 1. ed. - São Paulo : Ground, 2013.
160 p. : il. ; 21 cm

Tradução de: Baby smarts : games for playing and learning
Inclui índice
ISBN 978-85-7187-231-8

1. Aptidão em crianças. 2. Inteligência - Problemas, questões, exercícios. 3. Psicologia da aprendizagem - Problemas, questões, exercícios. 4. Psicologia da primeira infância. 5. Jogos educativos. 6. Brincadeiras. I. Johnson, Deborah. II. Título.

13-02669 CDD: 649.122
CDU: 649.16

03/07/2013 04/07/2013

EDITORA GROUND LTDA.
Av. Mascote, 1568 F – Vila Mascote 04363-001 São Paulo – SP
Tel.: (11) 5031-1500 / Fax: (11) 5031-3462
vendas@ground.com.br / www.ground.com.br

Sumário

Introdução

Os bebês são espantosamente inteligentes! Quanto mais tempo passo com eles, mais percebo o quanto eles sabem e compreendem.

O cérebro é uma caixinha de surpresas: se os bebês criam vínculos afetivos sólidos com os adultos e têm a oportunidade e o incentivo para explorar e fazer experiências com o seu ambiente, ficarão bem preparados para aprender ao longo de toda a sua existência.

Nos primeiros anos de vida, o cérebro fica muito ocupado construindo os seus circuitos. A atividade cerebral cria conexões elétricas minúsculas chamadas sinapses. A quantidade de estímulos que os bebês recebem tem efeito direto sobre o número de sinapses que se formam. A estimulação repetitiva fortalece essas conexões e faz com que elas se tornem permanentes; as conexões que não são usadas acabam por se desfazer.

Bebês inteligentes não precisam de brinquedos caros. Faça uma bola rolar na direção de um bebê para desenvolver sua coordenação motora. Cante músicas e converse com seu filhinho para desenvolver sua capacidade de expressão verbal. Crie quadros de referências para ele com caixas de cereais ou blocos – eles vão ajudar a desenvolver sua aptidão para a matemática.

Veja o que os pesquisadores do Ministério da Saúde e Previdência dos Estados Unidos descobriram:

- Os bebês têm necessidade biológica e desejo de aprender.
- A rede de sinapses do cérebro está quase completa depois dos três primeiros anos de vida.
- Quanto mais experiências estimulantes você puder proporcionar a seu filho, tanto mais circuitos o seu cérebro irá construir – o que vai facilitar o aprendizado no futuro.
- Os bebês têm preferência por imagens contrastantes.
- O número de conexões do cérebro pode aumentar ou diminuir em 25% em função da quantidade de estímulos que o ambiente oferece.
- A estimulação visual pode aumentar a curiosidade do bebê, e também sua capacidade de prestar atenção e de se concentrar.
- O melhor brinquedo que você pode dar a seu filho é interagir com ele sempre que for possível.

Os capítulos deste livro são divididos nos seguintes períodos de 3 meses: do nascimento até 3 meses, 3-6 meses, 6-9 meses e 9-12 meses. Cada capítulo apresenta as linhas gerais dos marcos típicos do desenvolvimento daquela faixa etária e as brincadeiras e experiências que desenvolvem a capacidade para alcançar esses marcos.

Se você já faz algumas dessas brincadeiras, este livro vai lhe mostrar porque elas são importantes. Além disso, você vai encontrar novas ideias para brincadeiras que você conhece e ideias para outras brincadeiras e experiências.

Quando brincar com seu bebê, tenha em mente o seguinte:

- Seu bebê vai gostar mais de algumas brincadeiras que de outras. Repita as prediletas muitas e muitas vezes. A repetição leva ao crescimento e ao desenvolvimento.
- Estimule seu bebê com amor e afeto: abrace-o, beije-o, toque-o delicadamente e fale com ele com carinho.
- Converse com seu bebê com expressão na voz. Use palavras que descrevam o que ele pode estar vendo ou sentindo.
- Responda ao choro de seu bebê com prontidão. Isso faz com que ele se sinta seguro.
- Facilite para o seu bebê imitar suas expressões faciais e o som de sua voz.
- Saia para caminhar, viaje para lugares diferentes e explore lugares diferentes com o seu bebê. Exemplos: passeie com ele pela sua rua para o familiarizar com o bairro. Visite pontos de referência locais, como praças, quitandas e bibliotecas; mostre para ele pessoas nadarem, correrem ou andar de *skate*.
- Ajude seu bebê a explorar texturas e temperaturas diferentes.
- Leia livros para o seu bebê. Ele vai adorar ver as figuras e ouvir o som de sua voz.
- Toque música e cante. A música estimula os neurônios do cérebro que são usados para a matemática e a lógica.
- Admire, ame e respeite seu bebê. Lembre-se de que ele é espantosamente inteligente!

Notas da autora sobre a interação com bebês

- ✓ Brincar com bebês é uma experiência deliciosa. Os bebês sorriem, riem e balbuciam, os olhos bem abertos, cheios de interesse. Mas o excesso de estímulos pode sobrecarregar os circuitos neurológicos do bebê, fazendo-o chorar ou ficar nervoso. Esta é a forma dele dizer "Chega!".
- ✓ O bebê mostra que as brincadeiras ou interações o estão sobrecarregando por meio de alguns sinais: ele pode fechar os olhos, virar-se de lado, ficar tenso e encurvar as costas, evitar o seu olhar ou começar a ficar irritado.
- ✓ Ao alimentar seu bebê, evite sons altos em segundo plano que podem ser estressantes e deixá-lo meio atordoado, o que pode levar à indigestão. Depois da barriguinha cheia, o bebê precisa de movimentos delicados até seu corpo terminar a digestão.
- ✓ Na hora de dormir ou da soneca da tarde, cante canções de ninar, converse com uma voz suave e passe a mão nas costas de seu bebê para ajudá-lo a relaxar. Nessa hora, evite experiências superestimulantes, como som alto e atos bruscos.

Diagramas de desenvolvimento

BEBÊS DO NASCIMENTO AOS 3 MESES DE IDADE

Desenvolvimento físico

Os bebês até 3 meses

- Seguram um chocalho
- Conseguem levantar a cabeça e o peito quando estão de bruços
- Seguem com os olhos objetos em movimento
- Esticam bem todos os membros
- Desejam estímulos visuais
- Enxergam o que estiver a cerca de 25 centímetros de distância

Desenvolvimento emocional/social

Os bebês até 3 meses

- Reagem a vozes familiares
- Fixam o olhar em objetos ou rostos de pessoas
- Reagem e se sentem reconfortados com muitos tipos de sons
- Sorriem ao ver rostos
- Gostam quando pessoas ou objetos tocam sua pele

Desenvolvimento intelectual

Os bebês até 3 meses

- Descobrem as próprias mãos e pés
- Gostam de sentir texturas diferentes
- Reconhecem rostos e cheiros familiares
- Têm consciência do lado esquerdo e direito do corpo
- Começam a associar os sons à sua origem
- Distinguem a diferença entre as vozes, suas tonalidades e tipos

BEBÊS DE 3 A 6 MESES DE IDADE

Desenvolvimento físico

Os bebês de 3 a 6 meses

- Conseguem se movimentar no chão como cobrinhas
- Conseguem virar o corpo para os dois lados
- Agarram objetos próximos às suas mãos
- Pegam um brinquedo
- Mantêm a cabeça ereta por mais tempo sem deixá-la cair
- Brincam com as mãos e os pés
- Percebem muitos sons
- Têm consciência dos braços e das pernas

Desenvolvimento emocional/social

Os bebês de 3 a 6 meses

- Balbuciam – (bá, bá, bu, bu)
- Falam gu, gu, arrulham (sons que lembram a voz dos pombos) e guincham
- Reagem a estímulos verbais
- Observam enquanto sua boca se mexe
- Estudam rostos
- Reagem a experiências que estimulam seus sentidos
- Gostam de brincar
- Usam o sorriso como resposta
- Gostam de interações sociais

Desenvolvimento intelectual

Os bebês de 3 a 6 meses

- Sabem que as pessoas e as coisas têm nome ("mã-mã")
- Estão desenvolvendo a memória
- Têm consciência de seu ambiente
- Começam a entender o conceito de alternância

BEBÊS DE 6 A 9 MESES DE IDADE

Desenvolvimento físico

Os bebês de 6 a 9 meses

- Batem objetos uns nos outros
- Erguem o corpo apoiando-se nas mãos e joelhos e balançam
- Esticam os braços com precisão para pegar objetos
- Arrastam objetos para si
- Sentam-se com pouco apoio

Desenvolvimento emocional/social

Os bebês de 6 a 9 meses

- Gostam de ser pegos no colo e aconchegados
- Balbuciam e combinam sílabas
- Apontam objetos
- Querem tocar em tudo
- Produzem uma grande variedade de sons
- Gostam de rimas infantis e cantigas de roda
- Pronunciam sons de duas sílabas associadas
- Gostam de ver sua imagem no espelho
- Gostam de jogar coisas no chão de propósito
- Gostam de ouvir volumes e alturas diferentes de sons
- Gostam de ritmos rápidos e lentos
- Tomam consciência dos sons do corpo

Desenvolvimento intelectual

Os bebês de 6 a 9 meses

- Aprendem o nome das partes do corpo
- Estudam os objetos
- Analisam o que fazer com um brinquedo
- Compreendem a permanência de um objeto

BEBÊS DE 9 A 12 MESES DE IDADE

Desenvolvimento físico

Os bebês de 9 a 12 meses

- Conseguem engatinhar sem encostar a barriga no chão
- Mexem e sacodem as pernas, chutam
- Gostam de pôr objetos dentro de um recipiente
- Pegam coisas usando os dedos como pinças
- Têm uma boa coordenação da mão e dos dedos
- Transferem objetos de uma mão para a outra
- Gostam de sentir texturas diferentes
- Gostam de fazer uma bola rolar
- Batem palmas e acenam para se despedir, se houver estímulo nesse sentido
- Caminham com ajuda

Desenvolvimento emocional/social

Os bebês de 9 a 12 meses

- Sabem dizer "não" e sacudir a cabeça mostrando que não querem alguma coisa
- Gostam de olhar os livros com você
- Copiam e imitam seus atos
- Gostam de cantar
- Riem de coisas engraçadas
- Dizem várias palavras

Desenvolvimento intelectual

Os bebês de 9 a 12 meses

- Dizem "mamã" e "papá" para a pessoa certa
- Compreendem o significado das palavras no contexto
- Seguem instruções simples

BEBÊS DE 9 A 12 MESES

- Reconhecem imagens em livros e revistas
- Começam a entender o conceito de causa e efeito
- Compreendem o significado das palavras que ouvem
- Gostam de fazer de conta
- Compreendem os sinais que aprenderam
- Respondem perguntas familiares com gestos ou palavras

Capítulo 1

PARA BEBÊS ATÉ 3 MESES DE IDADE

Desenvolvimento físico

Os bebês até 3 meses

- Seguram um chocalho
- Conseguem levantar a cabeça e o peito quando estão de bruços
- Seguem com os olhos objetos em movimento
- Esticam bem todos os membros
- Desejam estímulos visuais
- Enxergam o que estiver a cerca de 25 cm de distância

Desenvolvimento emocional/social

Os bebês até 3 meses

- Reagem a vozes familiares
- Fixam o olhar em objetos ou rostos de pessoas
- Reagem e se sentem reconfortados com muitos tipos de sons
- Sorriem ao ver rostos
- Gostam quando pessoas ou objetos tocam sua pele

Desenvolvimento intelectual

Os bebês até 3 meses

- Descobrem as próprias mãos e pés
- Gostam de sentir texturas diferentes
- Reconhecem rostos e cheiros familiares
- Têm consciência do lado esquerdo e direito do corpo
- Começam a associar os sons com sua origem
- Distinguem a diferença entre as vozes, suas tonalidades e tipos

Sons suaves

Ponto de referência do desenvolvimento: os bebês até 3 meses já seguram um chocalho.

- Arranje brinquedos que façam sons suaves quando são movimentados.
- Aproxime-os do seu bebê e sacuda ou movimente o brinquedo para ele fazer um som suave.
- O som vai chamar a atenção do bebê para o brinquedo e ele pode esticar os braços para tentar pegar e segurar o objeto.
- Se você puser o brinquedo na mão do bebê, talvez ele já o pegue.

Jogo de bola

Ponto de referência do desenvolvimento: os bebês até 3 meses já conseguem levantar a cabeça e o peito quando estão de bruços.

- Sente-se na frente de uma bola grande inflável.
- Segure o bebê com firmeza enquanto o coloca em cima da bola, de frente para você, com a barriguinha em cima da bola para ver se ele já consegue levantar a cabeça e o peito.
- Enquanto continua segurando firmemente o bebê, faça a bola rolar delicadamente para a frente e para trás, cobrindo uma pequena distância.
- Acrescente a essa experiência sons engraçados.
- O movimento da bola é relaxante para o seu bebê e ele vai gostar de olhar para o seu rosto enquanto você faz sons engraçados.

Voar para longe

Ponto de referência do desenvolvimento: os bebês até 3 meses já conseguem levantar a cabeça e o peito quando estão de bruços.

- Brincadeiras de voar estimulam as partes do cérebro que mantêm o senso de equilíbrio.
- Se o seu bebê já consegue manter a cabeça ereta sem apoio, é porque os músculos do pescoço já se encontram suficientemente fortes para as brincadeiras de voar, que eles adoram.
- Levante o corpo do bebê com movimentos suaves e controlados para proteger suas costas e a cabeça.
- Diga: "Voa, voa, passarinho, agora desce pro ninho!". Segure o bebê bem alto e, quando disser, "desce", traga-o de volta para o seu peito.

Brincar com o chocalho

Ponto de referência do desenvolvimento: os bebês até 3 meses já seguem com os olhos objetos em movimento.

- Movimente um chocalho bem devagar, da esquerda para a direita, para que o bebê possa acompanhar o objeto com os olhos.
- Observe se o bebê está acompanhando o chocalho quando você chega ao meio do caminho.
- Se o seu bebê parar de olhar para o chocalho, sacuda-o delicadamente até ele focar os olhos no objeto outra vez e depois continue a levar o chocalho para a direita.
- Quando seu bebê usa os olhos para se focar em alguma coisa que cruza o ponto médio do corpo, o processo ajuda o cérebro a fazer conexões eficientes entre seus hemisférios direito e esquerdo.

Corta, corta, tesourinha

Ponto de referência do desenvolvimento: os bebês até 3 meses já seguem com os olhos objetos em movimento.

- Faça essa brincadeira com seu bebê movimentando lentamente os dedos na frente dos seus olhos.
- Diga: "Corta, corta, tesourinha!" enquanto abre e fecha os dedos e os movimenta de um lado para outro.
- Repita as palavras três vezes e depois dê um beijo no seu bebê.

A dança dos dedos

Ponto de referência do desenvolvimento: os bebês até 3 meses já seguem com os olhos objetos em movimento.

- Quando seu bebê estiver alerta e relaxado, deite-o de costas.
- Coloque a sua mão direita na frente dos olhos dele e dobre e estique lentamente o seu dedo indicador; depois use o dedo médio, o dedo anular e, por fim, o mindinho.
- Quando ele perceber seus dedos, movimente-os lentamente da esquerda para a direita. Ele deve seguir seus dedos com os olhos.
- Essa brincadeira desenvolve a capacidade do bebê de acompanhar objetos em movimento.

Um raio de luz

Ponto de referência do desenvolvimento: os bebês até 3 meses já seguem com os olhos objetos em movimento.

- Quando o quarto estiver escuro, acenda uma lanterna e projete a luz num objeto do quarto.
- Cante a música predileta de seu bebê enquanto movimenta lentamente o feixe de luz no ritmo da música.
- Essa brincadeira desenvolve a capacidade de seu bebê acompanhar objetos em movimento.

Para cima e para baixo

Ponto de referência do desenvolvimento: os bebês até 3 meses já seguem com os olhos objetos em movimento.

- Quando você perceber que seu bebê está com o olhar concentrado num brinquedo, movimente-o para cima e para baixo para desenvolver sua capacidade de acompanhar objetos em movimento. Esse exercício também fortalece os músculos do pescoço.
- Enquanto você movimenta o brinquedo para cima e para baixo, diga: "Olha o brinquedo, para cima, para baixo". Olhe para o brinquedo, "Para lá e para cá. Para cima e para baixo. Para lá e para cá. Olha o brinquedo! Parou!"
- Quando disser, "Parou!", segure o brinquedo sem se mexer.

Ginastiquinha

Ponto de referência do desenvolvimento: os bebês até 3 meses já conseguem esticar bem todos os membros.

- Exercite os músculos das pernas de seu bebê.
- Coloque seu bebê de costas numa superfície confortável.
- Apoie os pezinhos dele em suas mãos em concha e movimente delicadamente as pernas para cima e para baixo e, depois, para os lados, num movimento circular.

Estou vendo você!

Ponto de referência do desenvolvimento: os bebês até 3 meses já desejam estímulos visuais.

- Ponha seu bebê em lugares diferentes e em posições novas para ele poder ver você de diversos ângulos.
- Coloque seu bebê onde ele possa ver você e diga: "Oi, bebezinho lindo! Eu te amo!"
- Enquanto diz essas palavras, faça coisas diferentes com o corpo. Sente-se no chão, ponha a cabeça entre as pernas, ficando de costas para o seu bebê, ou movimente os braços de uma forma diferente.
- Seu bebê vai precisar pesquisar o ambiente para descobrir de onde vêm as suas palavras, o que vai ser um desafio e um estímulo para ele.

Passeio ao ar livre

Ponto de referência do desenvolvimento: os bebês até 3 meses já desejam estímulos visuais.

- Uma forma maravilhosa de estimular visualmente seu bebê é levá-lo para passear ao ar livre.
- Fique com seu bebê no colo enquanto ele curte observar o vento nas folhas de uma árvore, ou a alternância de luz e sombra, ou os passarinhos e aviões no céu.
- Converse com ele sobre o que ele deve estar vendo.

Sorria!

Ponto de referência do desenvolvimento: os bebês até 3 meses já desejam estímulos visuais.

- Segure o seu bebê com ambas as mãos, dando-lhe um apoio seguro nas costas e na cabeça.
- Mantenha as mãos paradas enquanto movimenta lentamente a cabeça de um lado para outro.
- Faça contato olho-no-olho com o seu bebê o tempo todo.
- Vire a cabeça para um lado. Quando a movimentar para o outro lado, pare na linha média e sorria. Depois, movimente a cabeça para o outro lado.
- Leve a cabeça para trás e depois para a frente, parando novamente no ponto médio. Sorria quando chegar a essa posição.
- Pisque quando estiver no ponto médio e veja se o seu bebê tenta imitar você.

Eu gosto do que estou vendo!

Ponto de referência do desenvolvimento: os bebês até 3 meses já conseguem enxergar o que estiver a cerca de 25 centímetros de distância.

- Coloque seu bebê em lugares diferentes e posições novas para ele ver você e outras pessoas sob diversos ângulos.
- Alguns lugares diferentes: o chão, na frente de uma janela, ou com o tronco erguido por travesseiros.

Conversa fiada

Ponto de referência do desenvolvimento: os bebês até 3 meses já reagem a vozes familiares.

- Pegue seu bebê no colo e converse com ele como se estivesse recitando.
- Diga coisas simples que você percebe a respeito de seu bebê ou do meio ambiente. "Aqui estão suas orelhinhas!" "Estou vendo o seu narizinho!" "Vou beijar sua bochecha!" "Olha este livro amarelo!"
- Essa brincadeira é maravilhosa para desenvolver a expressão verbal.

De onde vêm os beijos?

Ponto de referência do desenvolvimento: os bebês até 3 meses já reagem a vozes familiares.

- Segundo Jack Nitschke, um neurocientista e professor-adjunto de psiquiatria e psicologia da Universidade de Wisconsin, em Madison, quando você conversa com seu bebê numa voz animada, estimula o córtex orbitofrontal do cérebro dele, e isso é importante para o desenvolvimento do vínculo afetivo.
- Para desenvolver a parte orbitofrontal do cérebro, faça a seguinte brincadeira com seu bebê:
  - ✓ Diga as palavras numa voz animada, enfatizando o "F" dos sons iniciais: "Fi, fái, fo, fem, os beijos, de onde vêm?" Depois dê um monte de beijos no seu bebê.
- Repita, enfatizando o mesmo som ou usando outros sons iniciais.

Música e sinais da hora de dormir

Ponto de referência do desenvolvimento: os bebês até 3 meses já reagem a vozes familiares.

- Não há outra voz no mundo da qual o seu bebê goste mais que da sua. Cante para ele a sua música de ninar predileta, ou entoe simplesmente a sua música favorita com uma voz suave, relaxante.
- Embale seu bebê ou fique de pé balançando-o delicadamente de um lado para outro. Ele vai relaxar, mas ainda vai estar acordado.
- Faça também os gestos que indicam CAMA na linguagem dos sinais enquanto lhe diz: "Hora de dormir". Sua música suave vai se tornar uma parte importante do ritual da hora de dormir e vai ajudá-lo na transição para o sono.
- O gesto que indica cama na linguagem dos sinais também vai ter mais significado se for sempre usado nas suas rotinas especiais da hora de dormir.

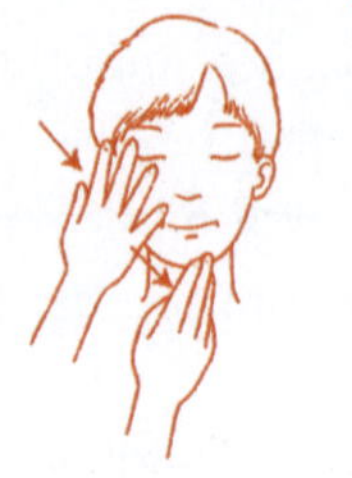

CAMA / DORMIR

Alto ou baixo?

Ponto de referência do desenvolvimento: os bebês até 3 meses já reagem a vozes familiares.

- Sente-se confortavelmente com seu bebê a uns 25 centímetros de distância de você.
- Chame seu nome repetidas vezes, usando tons de voz diferentes, bem alto e bem baixo.
- Faça uma pausa toda vez que disser o seu nome.
- Observe seu rosto para ver como ele reage. Ele se mexe ou olha para você atentamente quando escuta um tom de voz alto? Ou baixo? Ele faz movimentos excitados com as pernas quando você usa um tom de voz alto? Ou baixo?
- Suas reações vão indicar o tom de voz que você deve usar com ele.

Rima é coisa fina

Ponto de referência do desenvolvimento: os bebês até 3 meses já reagem a vozes familiares.

- Os versos das cantigas de roda ou de poeminhas infantis são um meio maravilhoso de apresentar formas rítmicas ao bebê, pois apresentam a linguagem de uma maneira fácil de entender.
- Escolha seus versos favoritos, "O sapo não lava o pé, não lava porque não quer", ou "Cai, cai, balão, cai, cai, balão, na rua do sabão".
- Enquanto segura seu bebê no colo, cante as músicas e balance seu filho de acordo com o ritmo.

Conversa comigo!

Ponto de referência do desenvolvimento: os bebês até 3 meses já reagem a vozes familiares.

- Os bebês gostam de ouvir as vozes das pessoas que os cercam.
- Quando você conversa com um bebê, estimula o desenvolvimento de seu centro auditivo no cérebro. Quanto mais tempo e quanto maior for a frequência de suas conversas com seu bebê, tanto mais conexões o cérebro irá fazer entre seus neurônios. Segundo a Dra. Barbara Davis e o Dr. Peter MacNeilage, da Universidade do Texas, em Austin, essas conexões situadas no centro auditivo do cérebro constroem um alicerce para a primeira palavra do bebê.
- Use experiências do cotidiano como oportunidades para conversar com seu bebê. Por exemplo: quando trocar sua fralda, descreva o que está fazendo. Mostre-lhe a fralda e diga: "Isto é uma fralda sua. Vou colocá-la em você." Depois que terminar de trocar a fralda, diga: "Prontinho!". Ou, quando estiver lhe dando banho, descreva o que está fazendo.
- A forma como você fala com seu bebê, inclusive as palavras e inflexões de voz que você usa, também são importantes. Veja algumas ideias:
  - ✓ Mude o tom e o volume de sua voz quando quiser enfatizar alguma coisa.
  - ✓ Fale devagar. Faça uma pausa entre as frases ou sentenças curtas.

- ✓ Dê a seu bebê a chance de "conversar" com você com os olhos, ou quando ficar quieto por um minuto ou dois.
- ✓ Repita as palavras e as frases. Por exemplo: diga: "Vou dar um banho em você" num tom de voz que mostre entusiasmo. Enfatize a palavra "banho". Diga: "Tomar banho é uma delícia!". Quando puser o bebê na água, diga: "A água do banho está maravilhosa!" numa voz suave, mas não se esqueça de enfatizar a palavra "banho".

Á, pá!

Ponto de referência do desenvolvimento: os bebês até 3 meses já reagem a vozes familiares.

- Os bebês que têm um vínculo afetivo sólido com as pessoas que cuidam deles diariamente, tanto os pais quanto outros responsáveis, provavelmente se tornarão crianças felizes e seguras.
- A experiência descrita a seguir é uma forma gostosa de alimentar a intimidade e o afeto: segure seu filho na altura dos seus olhos e toque a testa dele na sua enquanto diz muito delicadamente: "Á, pá!"
- Quando você diz: "Pá!" afaste a testa do seu filho e sorria para ele.
- Você também pode caprichar na sílaba "Á", dizendo: "Á,á,á,á,á,á".
- Seu bebê vai adorar essa brincadeira e você vai adorar o vínculo afetivo que ela cria entre vocês.

Seguir as cores

Ponto de referência do desenvolvimento: os bebês até 3 meses já fixam o olhar em objetos ou rostos de pessoas.

- O alcance da visão de um bebê é limitado logo depois que ele nasce. As cores que os bebês enxergam também são limitadas. No começo, as cores que eles veem melhor são o vermelho, o branco e o preto.
- Desenhe formas de cor preta, e vermelha em papel branco, ou num prato de papel branco.
- Seu bebê vai adorar olhar para essas formas.
- Movimente devagar o prato de papel em direções diferentes para que seu bebê possa seguir as cores.

Cores vivas

Ponto de referência do desenvolvimento: os bebês até 3 meses já fixam o olhar em objetos ou rostos de pessoas.

- Introduza no ambiente objetos e brinquedos de cores vivas.
- Seu bebê vai gostar de olhar para eles.
- Brinquedos de cores vivas ou com cores contrastantes vão estimular o cérebro do bebê.

Esconde-esconde de um rosto alegre

Ponto de referência do desenvolvimento: os bebês até 3 meses já fixam o olhar em objetos ou rostos de pessoas.

- Esta brincadeira de esconde-esconde ajuda os bebês a tomar mais consciência dos rostos. E também introduz o conceito de frente e costas.
- Desenhe um rosto na frente de um prato de papel branco. Você também pode colar a imagem de um rosto na frente do prato.
- Segure o prato na frente do seu bebê, a uma distância confortável, e diga: "Rosto alegre, rosto alegre".
- Depois mostre a seu bebê a parte das costas do prato de papel, onde não há nada.
- Vire novamente o prato para mostrar a parte da frente e diga: "Esconde-esconde, bebê!" numa voz entusiasmada.
- Repita até o seu bebê se cansar da experiência.

Os primeiros vínculos afetivos

Ponto de referência do desenvolvimento: os bebês até 3 meses já fixam o olhar em objetos ou rostos de pessoas.

- Usar a linguagem dos sinais dos surdos com seu bebê ajuda-o a se concentrar no rosto e nas mãos da pessoa que está fazendo os sinais.
- Pratique fazer os sinais e depois use-os com o seu bebê. Essa linguagem vai ajudá-lo na expressão verbal e na sua capacidade e confiança de usar sinais.
- A combinação de sua voz, expressões faciais e movimentos das mãos vai fascinar o seu filho e alimentar o amor que está florescendo entre vocês dois.
- Quando você disser "comer" ou "dormir", acompanhe as palavras com os sinais que indicam "falar" sobre as duas necessidades básicas de seu bebê.

Nota: Depois que seu bebê começar a usar o sinal que indica a palavra "dormir" – em geral, entre 9 meses e 1 ano de idade – ele pode colocar uma ou ambas as mãos na cabeça e dar-lhe vários tapinhas. Ele também pode usar o sinal para "cansado", uma vez que os dois significados são intercambiáveis para uma criança pequena.

COMER

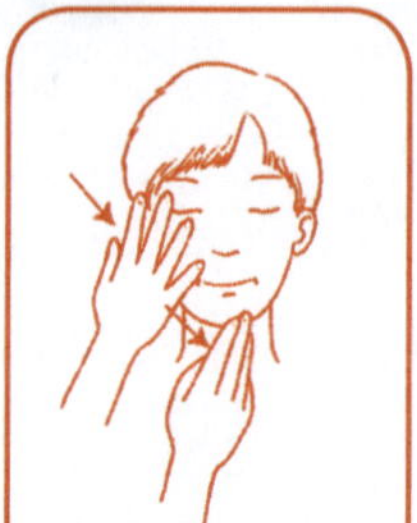

CAMA / DORMIR

Eu também consigo!

Ponto de referência do desenvolvimento: os bebês até 3 meses já fixam o olhar em objetos ou rostos de pessoas.

- Os bebês adoram imitar as suas várias expressões faciais.
- Com ambas as mãos apoiando as costas e a cabeça do bebê, aproxime seu rosto até uns 25 centímetros dos olhos dele.
- Pisque. Repita várias vezes, fazendo uma pausa entre cada repetição.
- Observe para ver se ele também pisca os olhos.
- Tente mostrar-lhe a língua e ver se ele consegue imitar você.
- A cópia exata da imagem que acontece nessa brincadeira desenvolve no bebê a consciência de si.

Olha nos meus olhos

Ponto de referência do desenvolvimento: os bebês até 3 meses já fixam o olhar em objetos ou rostos de pessoas.

- Quando os olhos de seu bebê recém-nascido estiverem abertos, aproxime o seu rosto do dele e olhe bem nos seus olhos.
- Toda vez que ele olhar para você, estará desenvolvendo a memória.
- Enquanto olha nos olhos dele, diga algumas palavras com voz suave.

Embale o seu bebê

Ponto de referência do desenvolvimento: os bebês até 3 meses já reagem e se sentem reconfortados com muitos tipos de sons.

- Embale delicadamente o seu bebê ao som de músicas suaves.
- Pegue seu bebê no colo e dance com ele bem devagar.
- Esse tipo de movimento é muito relaxante porque é parecido com a experiência do útero.

Sons rítmicos

Ponto de referência do desenvolvimento: os bebês até 3 meses já reagem e se sentem reconfortados com muitos tipos de sons.

- A música e os sons rítmicos são reconfortantes para os bebês recém-nascidos.
- Está provado que ruídos como o de um aspirador de pó ou do motor de um carro acalmam alguns bebês.
- Dizem que esses sons talvez estejam associados a lembranças da segurança que os bebês sentiam ouvindo o coração da mãe bater quando estava em seu útero.
- Experimente sons diferentes para ver quais acalmam o seu bebê. Entre os que você pode tentar estão cantar uma música com a sílaba "lá" e estalar os dedos ou a língua ao pronunciá-la.

Cuidados rituais

Ponto de referência do desenvolvimento: os bebês até 3 meses já reagem e se sentem reconfortados com muitos tipos de sons.

- Cuidados rituais fazem seu bebê se sentir seguro, ao mesmo tempo que desenvolvem o sentimento de confiança (saber que a mesma coisa vai acontecer todo dia).
- Cuide de seu bebê tocando nele, conversando com ele, sorrindo para ele ou cantando para ele quando o estiver alimentando, trocando a fralda ou dando banho.

Música relaxante

Ponto de referência do desenvolvimento: os bebês até 3 meses já reagem e se sentem reconfortados com muitos tipos de sons.

- Tocar música clássica para seu bebê (ou para você) é uma experiência maravilhosa.
- Muitos pesquisadores acreditam que os bebês conseguem ouvir – dentro do útero – a partir dos sete meses.
- A maioria dos bebês e das crianças pequenas acalmam-se ao ouvir cantigas de ninar.
- Cante uma cantiga de ninar toda noite; assim você vai acalmar o seu bebê e criar um vínculo afetivo entre vocês dois que vai durar para sempre.

Adoro o seu rosto!

Ponto de referência do desenvolvimento: os bebês até 3 meses já sorriem ao ver rostos.

- Os rostos são muito interessantes e os bebês adoram explorar o rosto das pessoas que cuidam deles, principalmente quando a boca está fazendo todo tipo de ruídos e formas engraçadas!
- Aproxime seu rosto do bebê de modo que ele possa tocá-lo e segurar o seu nariz.

Mamangava, mamangava

Ponto de referência do desenvolvimento: os bebês até 3 meses gostam quando pessoas ou objetos tocam sua pele.

- Essa é uma brincadeira apropriada para a hora de trocar a fralda.
- Use o seu dedo indicador para fazer uma espiral no ar, que vai se aproximando cada vez mais do seu bebê enquanto você diz: "Mamangava, mamangava, que veio do espaço – ziii, ziii, ziii, direto pro meu braço!".
- Faça um som de zumbido e toque o braço de seu filho.

Pra cima e pra baixo – de costas

Ponto de referência do desenvolvimento: os bebês até 3 meses gostam quando pessoas ou objetos tocam sua pele.

- Coloque seu bebê de costas no chão.
- Pegue uma bolinha mole e faça-a rolar pelo seu corpo pra cima e pra baixo.
- Agora vire-o de bruços e faça a bolinha rolar pra cima e pra baixo de suas costas.
- Você também pode fazer a bolinha rolar em movimentos circulares, tanto nas costas quanto na barriguinha.
- Essa é uma experiência muito prazerosa para o seu bebê.

Sopro suave

Ponto de referência do desenvolvimento: os bebês até 3 meses gostam quando pessoas ou objetos tocam sua pele.

- Uma forma interessante de tocar o corpo de seu bebê é usar um canudinho e soprar seu hálito quente em diversas partes do corpinho dele.
- Sopre no braço de seu bebê e diga: "Estou soprando no seu braço". Sopre na barriguinha e diga: "Estou soprando na sua barriguinha".
- Essa brincadeira ajuda seu bebê a conhecer as diversas partes do corpo.

Toque delicado

Ponto de referência do desenvolvimento: os bebês até 3 meses gostam quando pessoas ou objetos tocam sua pele.

- O tato é um sentido muito importante, que influencia o desenvolvimento cognitivo do bebê, sua sociabilidade e sua capacidade de resistir ao estresse, além de fortalecer o sistema imunológico. Segundo www.johnsonbaby.com, os bebês nos quais os adultos fazem cócegas ou massagens fazem um contato olho-no-olho por mais tempo, sorriem mais, balbuciam mais e choram menos.
- Embora a maioria dos bebês goste de um toque delicado, as preferências variam de um para outro.
- Explore formas diferentes de tocar o seu bebê, como passar suavemente a mão pelo seu corpo, fazer massagens etc., para saber que tipos de toque ele prefere.
- Também é bom pegar a mão de seu bebê e afagar o seu rosto (da mãe ou do pai). As experiências que têm um elemento de toque ajudam a desenvolver o vínculo afetivo com o seu bebê.

Abraços, aconchegos, beijos

Ponto de referência do desenvolvimento: os bebês até 3 meses gostam quando pessoas ou objetos tocam sua pele.

- Abraçar, aconchegar seu filho e beijá-lo estimulam os sentidos do bebê.
- Quando seu bebê sente o calor de um corpo humano bem perto do seu, desenvolve o sentimento de segurança e confiança para experimentar coisas novas.

O sinal do leite

Ponto de referência do desenvolvimento: os bebês até 3 meses gostam quando pessoas ou objetos tocam sua pele.

- Use o sinal que indica leite na linguagem dos surdos tanto para se referir ao seu leite quanto à mamadeira. Este é um sinal importante porque o leite é a única fonte de nutrição dos bebês dessa idade.
- Segure seu bebê nos braços e mostre-lhe o sinal que indica "leite" enquanto você pronuncia a palavra "leite".
- Pergunte-lhe se ele quer mamar enquanto põe delicadamente a mãozinha dele na sua mão em concha, para apertá-la bem de leve. Esse movimento delicado é a maneira pela qual seu filho tem a primeira experiência com a linguagem dos sinais: ao sentir suas mãos na dele fazendo gestos.
- Dê de mamar a seu bebê depois de dizer e fazer o sinal que indica "leite" para ele aprender que "leite" é a palavra que você usa para o seu alimento predileto!
- Use esse sinal sempre que disser a palavra "leite".

Nota: Depois que seu bebê começar a usar o sinal (geralmente entre 9 meses e 1 ano de idade), ele vai imitar seu sinal para "leite" abrindo e fechando a mão várias vezes.

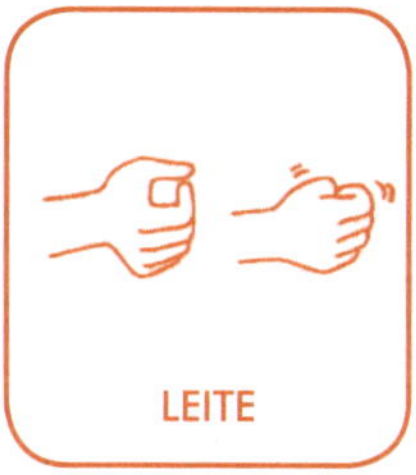

Adoro a minha mão!

Ponto de referência do desenvolvimento: os bebês até 3 meses já descobrem as próprias mãos e pés.

- Por volta dos 2 meses, seu bebê talvez já comece a olhar para a própria mão durante bastante tempo. Alguns especialistas chamam esse processo de "prestar atenção na mão".
- Use uma caneta hidrográfica atóxica para fazer um desenho simples em preto e branco numa luva que só tem uma separação para o polegar.
- Se você puser a luva na mãozinha do seu bebê, ele talvez olhe para ela durante mais tempo do que olharia para uma luva sem o desenho.

Teatrinho de marionetes

Ponto de referência do desenvolvimento: os bebês até 3 meses já descobrem as próprias mãos e pés.

- Essa brincadeira é uma forma lúdica de interagir com o seu bebê.
- Quando ele estiver prestando atenção em você, feche a mão direita e esconda o polegar lá dentro. E diga: "O menininho foi dormir!" "O menininho foi dormir!".
- Bata na sua mão fechada com a outra e diga: "Acorda, menininho, acorda!"
- Mostre bem o polegar saindo de dentro da sua mão fechada e diga: "Oi, menininho, como vai você?".
- Repita, movimentando as mãos de acordo com as palavras.
- Movimentar os dedos e polegares do bebê é uma boa forma de desenvolver sua capacidade motora fina.

Meias nas minhas mãos, meias nos meus pés

Ponto de referência do desenvolvimento: os bebês até 3 meses já descobrem as próprias mãos e pés.

- Ponha meias coloridas nas mãos e pés do bebê.
- As cores vivas das meias vão prender a atenção do seu filho. Ele vai olhar para as cores das meias e vai tentar pô-las na boca.
- Uma meia com desenhos também é excelente para estimular a visão de seu bebê.

Os cinco dedos

Ponto de referência do desenvolvimento: os bebês até 3 meses já descobrem as próprias mãos e pés.

- Diga o seguinte enquanto segura e beija cada dedo individual:

  Mindinho (para o dedo mínimo).
  Seu vizinho (para o dedo anular).
  Pai de todos (para o dedo médio).
  Fura bolo (para o indicador)
  Mata piolho (para o polegar).

- Diga: "Pronto!" e depois pegue a mão de seu filho e beije-a.

Pegar o brinquedo

Ponto de referência do desenvolvimento: os bebês até 3 meses já descobrem as próprias mãos e pés.

- Ponha o seu bebê deitado de costas.
- Segure um brinquedo de cores vivas em cima do seu peito, a uma distância que ele possa pegar o objeto.
- Incentive seu filho a esticar o bracinho e pegar o brinquedo.
- Ele vai adorar aproximar o brinquedo do rosto para estudá-lo melhor.

Batucar um ritmo

Ponto de referência do desenvolvimento: os bebês até 3 meses já descobrem as próprias mãos e pés.

- Essa experiência ajuda seu bebê a "sentir" um ritmo simples.
- Segundo Jessica Phillips-Silver e Laurel J. Trainor, no livro *Feeling the Beat* (Sentir a batida), os bebês vivenciam a música usando um ou mais de seus sentidos. Por exemplo: os bebês podem ouvir as palavras e sentir a batida.
- Coloque seu bebê deitado de costas num lugar seguro.
- Batuque delicada e alternadamente nas plantas dos pés de seu bebê de acordo com uma música de ritmo simples, como "Cai, cai, balão".

Tocar e sentir

Ponto de referência do desenvolvimento: os bebês até 3 meses já gostam de sentir texturas diferentes.

- Arranje objetos interessantes para seu bebê sentir, tocar, pôr na boca e explorar.
- Direcione a mão de seu bebê para ela tocar objetos comuns de uma casa, como echarpes suaves, tigelas de metal frio e esponjas macias. À medida que seu bebê se desenvolve, começa a aprender a fazer isso sozinho.

Quem é quem?

Ponto de referência do desenvolvimento: os bebês até 3 meses já reconhecem rostos e cheiros familiares.

- Ponha seu bebê num assento próprio para crianças pequenas e coloque-o bem na sua frente.
- Ponha um chapéu na cabeça, que pode ser um boné de beisebol, um chapéu de palhaço e até um par de fones de ouvido.
- Tire o chapéu e diga: "Olha, sou eu!". Repita várias vezes.
- Abaixe-se até chegar perto do rosto do seu bebê e veja se ele quer tentar tirar o chapéu da sua cabeça.

O mundo dos cheiros

Ponto de referência do desenvolvimento: os bebês até 3 meses de idade já reconhecem rostos e cheiros familiares.

- O olfato do bebê já está bem desenvolvido quando ele nasce. Horas depois do parto, os bebês reagem de forma muito parecida à dos adultos a um grande número de odores. Por exemplo: os bebês preferem e sorriem ao sentir o cheiro de uma banana ou de baunilha.
- Os bebês logo começam a ter preferência por certos cheiros. Preferem o cheiro da própria mãe ao de qualquer outra mulher.
- Estudos como o que foi feito por Cindy McGaha, da Universidade Estadual dos Apalaches, mostram que os bebês selecionam e manipulam um brinquedo com cheiro de baunilha com mais frequência do que um brinquedo inodoro.
- A reação de seu bebê aos cheiros vai ajudar você a descobrir o que ele acha interessante.

  Nota: os sinais para essa descoberta são, por exemplo, o seu bebê sorrir ou balbuciar em resposta a um cheiro, ou balançar a cabeça para o outro lado.

  Use as preferências de seu bebê por certos cheiros para tornar as experiências e os objetos mais atraentes para ele. Se um brinquedo tem um cheiro do qual o seu bebê gosta, ele vai querer tocá-lo, pegá-lo e explorá-lo de muitas formas.

Esquerda e direita

Ponto de referência do desenvolvimento: os bebês até 3 meses já têm consciência do lado esquerdo e direito do corpo.

- Desenvolver a consciência de esquerdo e direito pode começar muito cedo.
- Coloque seu bebê de bruços no chão, em cima de um lençol. Use seu nome em frases como: "Ei, Júlia! Você tem olhos castanhos muito brilhantes!".
- Se a criança levantar a cabeça, repita as mesmas palavras do lado esquerdo do seu rosto, depois na sua frente e, por fim, do lado direito.
- Vire-a delicadamente de costas e repita, começando do lado esquerdo.

Braços e pernas

Ponto de referência do desenvolvimento: os bebês até 3 meses já têm consciência do lado esquerdo e direito do corpo.

- Quando seu bebê estiver deitado de costas, pegue seu braço esquerdo e estique-o delicadamente para o lado. Depois faça o mesmo do lado direito. Se ele mantiver os braços esticados, isso significa que ele tem consciência dos braços. Se ele os puxar para a posição original, é porque ainda não desenvolveu essa consciência.
- Faça o mesmo com as pernas de seu bebê. Comece do lado esquerdo, esticando a perninha para o lado. Sempre comece com o lado esquerdo e depois repita o movimento com o lado direito (essa é uma forma muito sutil de lhe apresentar o fato sobre o qual lemos a respeito de esquerda e direita).
- Quando estiver fazendo esses exercícios, descreva os movimentos. Por exemplo: "Estou esticando o seu braço esquerdo para o lado".

Meu som predileto

Ponto de referência do desenvolvimento: os bebês até 3 meses já começam a associar os sons à sua origem.

- O som predileto de um recém-nascido é o som da voz humana.
- Converse com seu bebê sobre o que você vê ao seu redor e sobre o que está fazendo. "Agora vou tirar essa fralda molhada." "Estou vendo uma bola vermelha no chão."
- Quanto mais palavras um bebê ouve, tanto maior será o seu vocabulário.

Os sons de que eu gosto

Ponto de referência do desenvolvimento: os bebês até 3 meses já começam a associar os sons à sua origem.

- Observe de quais sons o seu bebê mais gosta.
- Alguns bebês adoram música com ritmos rápidos; outros gostam de melodias mais suaves.
- Não fique tímida na hora de cantar. Por mais desafinada que você seja, seu bebê vai preferir a sua voz a todas as outras.
- Varie a sua voz, indo dos tons mais altos aos mais baixos, e de ritmos rápidos a lentos. Explore todos os outros tipos de sons que você for capaz de fazer.
- Observe a reação de seu bebê quando você amassa ou rasga papel, bate numa porta ou com o pé no chão, abre uma torneira, põe a máquina de lavar roupa para funcionar ou faz outros sons familiares.

Toca o sino pequenino

Ponto de referência do desenvolvimento: os bebês até 3 meses já começam a associar os sons à sua origem.

- A experiência abaixo desenvolve a consciência auditiva do seu bebê, além de ser uma forma maravilhosa de fortalecer os vínculos afetivos entre vocês dois.

  Nota: você vai precisar de alguns sininhos para fazer essa brincadeira.
- Pegue seu bebê no colo e toque os sininhos na frente do rosto dele.

- Quando tiver certeza de que ele está ouvindo, movimente os sinos para o lado esquerdo do rosto dele e toque-os de novo.
- Se ele não mexer a cabeça para acompanhar o som, você pode ajudá-lo a fazer isso.
- Repita, tocando os sininhos e movimentando-os para o lado esquerdo (dele) e depois para o lado direito. Quando sentir que ele tem condições de identificar o lugar de onde vem o som, toque os sininhos em cima da sua cabeça e incentive-o a levantá-la na direção do som.

Sons e rimas

Ponto de referência do desenvolvimento: os bebês até 3 meses já distinguem a diferença entre as vozes, suas tonalidades e tipos.

- No decorrer do dia, cante ou recite um poema para o seu bebê.
- Pegue-o no colo de modo que ele possa ver o seu rosto.
- Escolha uma música ou um poema que lhe permita usar o nome do seu bebê. Por exemplo: se você cantar, "O sapo não lava o pé", pode substituir "sapo" pelo nome do seu bebê.
- Outras sugestões: "Cai, cai, balão", "Boi da cara preta", "Ciranda, cirandinha".

Capítulo 2

PARA BEBÊS DE 3 A 6 MESES DE IDADE

Desenvolvimento físico

Os bebês de 3 a 6 meses

- Conseguem se movimentar no chão como cobrinhas
- Conseguem virar o corpo para os dois lados
- Agarram objetos próximos às suas mãos
- Pegam um brinquedo
- Mantêm a cabeça ereta por mais tempo sem deixá-la cair
- Têm consciência dos braços e das pernas
- Brincam com as mãos e os pés • Percebem muitos sons

Desenvolvimento emocional/social

Os bebês de 3 a 6 meses

- Balbuciam – (bá, bá, bu, bu)
- Falam gu, gu, arrulham (sons que lembram a voz dos pombos) e guincham • Reagem a estímulos verbais
- Observam os movimentos de sua boca • Estudam rostos
- Reagem a experiências que estimulam seus sentidos
- Gostam de brincar • Usam o sorriso como resposta
- Gostam de interações sociais

Desenvolvimento intelectual

Os bebês de 3 a 6 meses

- Sabem que as pessoas e as coisas têm nome ("mã-mã")
- Estão desenvolvendo a memória
- Têm consciência de seu ambiente
- Começam a entender o conceito de alternância

Engatinhar

Ponto de referência do desenvolvimento: os bebês de 3 a 6 meses já conseguem se movimentar no chão como cobrinhas.

- A experiência descrita a seguir prepara seu bebê para engatinhar.
- Coloque seu bebê de bruços num chão com carpete, ou numa superfície que não seja escorregadia.
- Ponha um de seus brinquedos prediletos no chão a alguns centímetros da cabeça do bebê.
- Pressione seus pezinhos com as mãos. Seu bebê vai ser empurrado pela pressão, fazendo com que se movimente alguns centímetros para a frente, na direção do brinquedo.
- Depois que ele pegar o brinquedo, ponha outro (ou o mesmo) um pouco mais para a frente e pressione de novo os seus pezinhos.
- Antes de você se dar conta, ele vai ter atravessado metade do quarto!

Pega aquele brinquedo!

Ponto de referência do desenvolvimento: os bebês de 3 a 6 meses já conseguem se movimentar no chão como cobrinhas.

- Deixe seu bebê de bruços durante algum tempo, para ele poder exercitar os músculos do pescoço e começar a esticar os membros na tentativa de engatinhar.

- Enquanto ele estiver de bruços, ponha um brinquedo na sua frente para ele tentar pegá-lo. Experimente com vários brinquedos e espere até ele conseguir alcançá-los.
- Depois, coloque o brinquedo só um pouquinho fora do seu alcance para que ele precise se mexer para pegar o brinquedo.
- Essa brincadeira desenvolve a coordenação do seu bebê.

Ginastiquinha

Ponto de referência do desenvolvimento: os bebês de 3 a 6 meses já conseguem se movimentar no chão como cobrinhas.

- Ponha seu bebê de costas e coloque seus (da mãe ou do pai) polegares nas palmas das suas mãozinhas. Quando ele estiver segurando firmemente os seus polegares, dobre e estique seus bracinhos enquanto ele continua deitado de costas. Enquanto estiver fazendo isso, diga: "Ginastiquinha! É gostoso fazer ginástica!".
- Coloque seus polegares nas solas dos pés de seu bebê. Depois que ele enroscar os artelhinhos em volta dos seus polegares, faça lentamente os movimentos de bicicleta com as perninhas dele e repita: "Ginastiquinha! É gostoso fazer ginástica!".
- Essas atividades ajudam a desenvolver a capacidade motora de seu bebê.

Rolar pra lá, rolar pra cá!

Ponto de referência do desenvolvimento: os bebês de 3 a 6 meses já conseguem virar o corpo para os dois lados.

- Este exercício ajuda seu bebê a começar a virar o corpo.
- Coloque seu bebê de bruços em cima de um lençol macio.
- Devagar e com cuidado, levante um lado do lençol até seu bebê se virar ligeiramente.
- Continue virando o corpinho dele bem devagar enquanto descreve o que está fazendo. Use sua mão para ajudar o bebê a se virar.

  Nota: Não se esqueça de apoiar a cabeça do bebê enquanto ele se vira até ficar de costas.
- Depois de ele se virar completamente, bata palmas para mostrar o seu prazer.

Macio e sedoso

Ponto de referência do desenvolvimento: os bebês de 3 a 6 meses já conseguem rolar o corpo em ambas as direções.

- Essa brincadeira é uma experiência muito relaxante para o seu bebê.
- Coloque-o de costas e cubra sua barriguinha com uma echarpe de seda. Diga frases que descrevam a textura, como: "Ai, que delícia!" ou "Um lenço macio e sedoso para... (use o nome do bebê)".
- Vire o bebê de bruços e faça o mesmo com as costas.

Cores suaves

Ponto de referência do desenvolvimento: os bebês de 3 a 6 meses já agarram objetos próximos às suas mãos.

- Enfie uma echarpe colorida num bracelete que seja seguro para o bebê manipular.
- Amarre a echarpe num móvel pesado e resistente.
- Coloque o bebê perto do bracelete com a echarpe de modo que ele possa pegar o bracelete e puxar a echarpe.
- Essa atividade desenvolve a coordenação olho-mão.

Abrir, fechar

Ponto de referência do desenvolvimento: os bebês de 3 a 6 meses já pegam um brinquedo.

- Essa brincadeira ajuda seu bebê a obter controle sobre as mãos quando pega um brinquedo.
- Quando seu bebê estiver sentado num cadeirão, coloque na sua frente um brinquedo que seja fácil para ele pegar.
- Incentive-o a pegar o brinquedo e, depois que ele conseguir, ajude-o durante alguns minutos a abrir delicadamente os dedos e então tire o brinquedo de sua mão.
- Pegue a mãozinha e abra-a e feche-a enquanto diz: "Abrir, fechar, abrir, fechar, que coisa gostosa!".

Upa, upa, cavalinho!

Ponto de referência do desenvolvimento: os bebês de 3 a 6 meses já mantêm a cabeça ereta por mais tempo sem deixá-la cair.

- Enquanto seu bebê fortalece os músculos do pescoço e aumenta o controle da cabeça, ajude-o a andar de cavalinho.
- Coloque em cima de um dos seus (da mãe ou do pai) joelhos uma toalha de banho ou um lençol pequeno e macio.
- Sente o bebê no seu joelho enquanto o segura delicada e firmemente.
- Movimente suavemente o joelho para cima e para baixo para ele ter a experiência de um pulinho.
- Pergunte a seu bebê: "Está sentindo o pulinho?" "Que bom! Vamos andar de cavalinho!". E, quando subir o joelho, diga: "Upa!".

Sininhos ou guizos nos pés

Ponto de referência do desenvolvimento: os bebês de 3 a 6 meses já brincam com as mãos e os pés.

- Coloque meias com sininhos ou guizos nos artelhos do seu bebê.
- Ponha seu bebê de costas e cante para ele, enquanto levanta delicadamente a perninha esquerda na direção do rosto: "Toca o sino, pequenino, no pezinho esquerdo".

- Abaixe a perninha esquerda e movimente delicadamente a perninha direita na direção do rosto e cante a mesma música, substituindo "pezinho esquerdo" por "pezinho direito".
- Depois de fazer isso várias vezes, tire as meias e gire os dedinhos um por um. Enquanto faz isso, cante: "O dedinho girou, girou!" com a melodia da música *A lua girou, girou,* cantada por Milton Nascimento.

Um mar de sons

Ponto de referência do desenvolvimento: os bebês de 3 a 6 meses já percebem muitos sons.

- A audição dos bebês desenvolve-se rapidamente durante os primeiros 12 meses de vida. Os bebês já nascem com a capacidade de discriminar sons (uma base importante para a linguagem) e essa capacidade continua se desenvolvendo.
- Os bebês logo mostram preferência pelos sons de sua própria língua. As conversas que você tem com seu bebê e as que ele ouve você ter com outras pessoas contribuem para o desenvolvimento de sua capacidade de expressão verbal.
- Pense em três rimas infantis – ou cantigas de roda – e recite-as ou cante-as para ele.
- Quando seu bebê estiver maior, vai começar a cantá-las com você. Quando estiver maior, se você disser uma palavra, vai descobrir que o seu bebê completa o verso.

Escuta só!

Ponto de referência do desenvolvimento: os bebês de 3 a 6 meses já percebem muitos sons.

- Apresente novos sons a seu bebê e depois identifique-os.
- Diga: "Escuta só!". Faça o som e depois diga o que é.
- Eis algumas ideias: raspe um lápis em superfícies diferentes; bata uma colher num copo de vidro, faça uma bola bater no chão, bata palmas, estale os dedos, assobie, abra a torneira, toque um instrumento musical, ouça com seu bebê estilos e ritmos diferentes de música etc.

Para cima e para baixo

Ponto de referência do desenvolvimento: os bebês de 3 a 6 meses já têm consciência dos braços e das pernas.

- Estique os braços na sua frente com seu bebê deitado de bruços nos seus braços e os pezinhos encostados no seu peito.
- Ande pelo quarto, abaixando e levantando delicadamente os braços enquanto canta uma música como "Carneirinho, carneirão".
- Deite-se de costas e coloque o rosto do bebê de bruços em cima do seu peito.
- Diga: "Um, dois, três, e lá vamos nós!" enquanto o levanta no ar e canta a mesma música.
- Quando o bebê levanta a cabeça, fortalece os músculos do pescoço.

Os dedos das mãos e dos pés

Ponto de referência do desenvolvimento: os bebês de 3 a 6 meses já têm consciência dos braços e das pernas.

- Use muitos tipos de toque nas mãos e nos pés de seu bebê. Você pode tocá-los delicadamente com um cotonete, com um tecido de lã, de seda e outros.
- Faça um laço de tecido macio nos dedos das mãos e dos pés.
- Essa experiência ajuda seu bebê a tomar consciência de que as mãos e os pés estão conectados a seu corpo.

A arte de conversar

Ponto de referência do desenvolvimento: os bebês de 3 a 6 meses já balbuciam (bá, bá, bu, bu).

- Preste atenção ao ritmo dos balbucios de seu bebê – você vai descobrir que ele balbucia um pouco e depois pára. Ele pára porque está esperando uma resposta sua.
- Responda com mímicas aos seus balbucios, ou com algumas palavras. Depois pare.
- Espere o seu bebê balbuciar de novo.
- Isso ensina a arte de conversar.
- Experimente! Você vai ter uma surpresa!

Mais conversas

Ponto de referência do desenvolvimento: os bebês de 3 a 6 meses já balbuciam (bá, bá, bu, bu).

- Quando os bebês começam a balbuciar, muitas vezes começam com os sons que têm B, P e M.
- Diga palavras que começam com esses sons para ajudar seu bebê a desenvolver sua capacidade de expressão verbal.
- Cante músicas, substituindo todos os sons iniciais de cada palavra para a mesma consoante. Por exemplo: em vez de cantar "O meu chapéu tem três pontas", cante: "O teu tapéu tem três pontas".
- Entabule uma "conversa com seu bebê usando o mesmo som muitas e muitas vezes.
- Segundo o Dr. Alan Greene (www.dr.greene.com), a pesquisa confirma que os balbucios são um sinal importante de bom desenvolvimento da linguagem.

Olha a baratinha!

Ponto de referência do desenvolvimento: os bebês de 3 a 6 meses já gostam de brincar.

- Essa é uma brincadeira perfeita para a hora de trocar a fralda.
- Comece fazendo os seus dedos andarem pela perninha do bebê enquanto você diz: "Olha a baratinha!".
- Quando chegar à barriguinha, pare e depois diga as mesmas palavras de novo, bem depressa.
- Repita a brincadeira e comece no braço do seu bebê, fazendo seus dedos andarem até a cabecinha dele e dizendo novamente as mesmas palavras bem depressa.
- Seu bebê logo vai saber que, quando você pára, ele vai ouvir aqueles mesmos sons ditos bem depressa.
- Isso ajuda os bebês a concentrar a atenção no que está acontecendo.

Na disparada

Ponto de referência do desenvolvimento: os bebês de 3 a 6 meses já gostam de brincar.

- Pegue o bebê no colo.
- Levante três dedos e dê umas batidinhas na palma da mão de seu bebê enquanto diz as seguintes palavras: "Está vendo esses ratinhos? Eles vão subir na disparada pelo seu braço".
- Quando você disser "na disparada", faça os dedos correrem pra cima e pra baixo pelo bracinho do bebê.
- Repita com outra parte do corpo. Por exemplo: "Está vendo esses ratinhos? Eles vão subir na disparada pela sua barriguinha". E faça os dedos correrem pelo nariz, pela perna, pela bochecha e outras partes do corpo de seu bebê.

Fala de criança

Ponto de referência do desenvolvimento: os bebês de 3 a 6 meses já falam gu, gu, arrulham (sons que lembram a voz dos pombos) e guincham.

- Para usar a "fala de criança", mude o tom e altura da sua voz e prolongue o som das vogais. Converse com seu bebê empregando frases simples e prolongando a última palavra de cada frase. Por exemplo:
  - ✓ "Você tem um cabelo muito bonitoooo."
  - ✓ "Seus olhos são castanhoooos."
  - ✓ "Eu te amooooo."
- Seu bebê vai responder com gu-gus e sorrisos.

Teatrinho de marionetes

Ponto de referência do desenvolvimento: os bebês de 3 a 6 meses já falam gu, gu, arrulham (sons que lembram a voz dos pombos) e guincham.

- Ponha uma marionete no dedo e dance com ela para cima e para baixo, para a frente e para trás.
- Faça a marionete conversar com seu bebê: "Vou dar um beijo em você!" "Você é um bebê lindo!".
- A reação de seu bebê à marionete vai ajudá-lo a desenvolver a capacidade visual.

Caretas

Ponto de referência do desenvolvimento: os bebês de 3 a 6 meses já falam gu, gu, arrulham (sons que lembram a voz dos pombos) e guincham.

- Faça caretas ou mostre a língua. Você vai ver que o bebê vai tentar fazer a mesma coisa. Seu recém-nascido é muito esperto!
- Essa é a primeira tentativa de seu bebê em termos de uma interação social recíproca.
- Faça o seguinte e veja se o seu bebê vai tentar imitar.
  - ✓ Emita um som engraçado.
  - ✓ Franza os lábios.
  - ✓ Mostre a língua.
  - ✓ Abra e feche os olhos.

Arrulhar e guinchar

Ponto de referência do desenvolvimento: os bebês de 3 a 6 meses já falam gu, gu, arrulham (sons que lembram a voz dos pombos) e gritam.

- Quando os bebês veem alguma coisa que acham interessante, eles reagem. E, às vezes, reagem arrulhando ou guinchando.
- Imite a voz dos pombos para seu bebê e espere para ver a sua resposta. Depois que ele responder, imite o som que ele fez.
- Quando seu bebê obtém uma resposta a um som que ele fez, vai repeti-lo muitas e muitas vezes.
- Isso desenvolve os rudimentos da linguagem.

Primeiras formas de comunicação

Ponto de referência do desenvolvimento: os bebês de 3 a 6 meses já falam gu, gu, arrulham (sons que lembram a voz dos pombos) e gritam.

- Incentive seu bebê a começar a fazer sons.
- Movimente uma echarpe de cores vivas na frente de seu bebê, bem devagar.
- Quando seu bebê responder com um arrulho (ou outro som qualquer) de prazer, responda repetindo o som que ele fez.
- Experimente com objetos diferentes para descobrir do que ele gosta.
- Isso vai ajudar a desenvolver os rudimentos da capacidade de comunicação.

Você é especial

Ponto de referência do desenvolvimento: os bebês de 3 a 6 meses já usam o sorriso como resposta.

- A construção da autoestima do bebê começa logo depois do nascimento. Quando o bebê tem de 3 a 4 meses de idade, há muitas coisas que você pode fazer para ajudá-lo a sentir orgulho por suas façanhas.
- Quando seu bebê agarrar o seu dedo, responda com arrulhos, ou mexa o dedo, dizendo algo que reconheça o seu progresso, como: "Sinto que você está segurando forte o meu dedo!" "Estou ouvindo você falar!" ou "Você agarrou o meu dedo!".
- Como os bebês se desenvolvem maravilhosamente bem em ambientes onde sentem um vínculo afetivo forte com os adultos de sua vida, encoste a ponta dos dedinhos na sua boca e beije-os.

Oi e tchau

Ponto de referência do desenvolvimento: os bebês de 3 a 6 meses já reagem a estímulos verbais.

- Essa brincadeira vai ensinar a seu bebê o significado das palavras "oi" e "tchau".
- Quando você entrar no quarto e vir o seu bebê, diga "Oi!" com um grande sorriso no rosto. Depois saia do quarto e diga "Tchau!", e acene com a mão.
- Espere um momento, volte e diga: "Oi!" de novo.
- Repita, com o tempo, seu bebê vai entender o significado dessas duas palavras.

É isso o que vou fazer

Ponto de referência do desenvolvimento: os bebês de 3 a 6 meses já reagem a estímulos verbais.

- Sempre diga a seu bebê o que está prestes a fazer. Eis aqui alguns exemplos:
  - ✓ Diga: "Vou pegar você no colo" e depois estenda os braços.
  - ✓ Diga: "Vou trocar a sua fralda" e depois coloque o bebê deitado de costas.
  - ✓ Diga: "Vou beijar você" e depois faça um biquinho com os lábios.
- Logo seu bebê vai começar a entender a linguagem verbal e você só vai ter de dizer uma ou duas palavras para ele reagir imitando seus atos ou expressões faciais.
- Essa abordagem ajuda os bebês a internalizar o significado e a importância da linguagem.

Pra cima e pra baixo

Ponto de referência do desenvolvimento: os bebês de 3 a 6 meses já gostam de interações sociais.

- Brincadeiras que envolvem movimentar o bebê pra cima e pra baixo desenvolvem o seu senso de equilíbrio.
- Sente-se no chão e ponha o bebê em cima das suas pernas. Suas costas devem estar descansando no seu peito.
- Abrace seu bebê e abaixe e levante várias vezes o seu corpinho. Depois movimente-o para um lado e para o outro.
- Continue repetindo esses movimentos enquanto canta uma de suas músicas prediletas.

Dança

Ponto de referência do desenvolvimento: os bebês de 3 a 6 meses já gostam de interações sociais.

- Brincadeiras como essas que se seguem estimulam o sistema vestibular ou sistema de equilíbrio de seu filho.
- Encaixe o bebê no seu quadril e movimente-se (e a ele) de um lado para outro enquanto ouve música suave.
- Continue dançando com seu filho enquanto movimenta o corpo de formas diferentes. Enquanto dança, você pode levantar um dos pés, girar ou dar passos para o lado, para a frente e para trás.
- Isso vai ajudar seu bebê a sentir o movimento em todo o corpo. Você também pode fazer experiências com formas diferentes de segurar o bebê.

Quem sou eu?

Ponto de referência do desenvolvimento: os bebês de 3 a 6 meses já gostam de interações sociais.

- Os bebês adoram essa brincadeira porque gostam de observar as expressões faciais dos adultos e, de repente, entender quem é você.
- Ponha um chapéu e uma echarpe.
- Movimente-se na frente do bebê enquanto canta uma música.
- Enquanto canta, tire o chapéu e a echarpe bem devagar.
- Seu bebê vai adorar ouvir a música e mais ainda quando reconhecer você.

Faça como eu

Ponto de referência do desenvolvimento: os bebês de 3 a 6 meses já gostam de interações sociais.

- Pegue o bebê no colo de modo que fique de frente para você e possa ver seu rosto nitidamente.
- Faça ruídos diferentes com a boca e incentive seu filho a fazer o mesmo.
- Algumas ideias para você experimentar: beijar, estalar a língua, roncar como se fosse o motor de um barco e dizer a frase: "O rato roeu a roupa do rei de Roma".
- As expressões faciais são contagiantes. Quando o seu bebê bocejar, pode fazer você bocejar também.

Sentir o som

Ponto de referência do desenvolvimento: os bebês de 3 a 6 meses já observam os movimentos de sua boca.

- Coloque os dedos do bebê na sua boca (da mãe ou do pai) enquanto você faz sons diferentes de consoantes e vogais: /b/, /m/, /d/ com "á", "i" e "u".
- Quando deixa o bebê sentir as vibrações que você faz a cada som, você aumenta o interesse dele pela linguagem verbal.

Caras nos dedos

Ponto de referência do desenvolvimento: os bebês de 3 a 6 meses já estudam rostos.

- Use uma caneta hidrográfica atóxica para desenhar um rosto na parte interna da ponta dos dedos e de ambos os polegares.
- Feche a mão e depois abra os dedos para o seu bebê ver os rostos desenhados neles. Enquanto faz isso, diga as palavras "abrir" e "fechar".
- Abra e mostre um dedo de cada vez. Diga "Oi!" para aquele dedo e depois feche-o. Por exemplo: abra o polegar e diga, "Oi!" Mexa o polegar e depois feche-o. Continue com os outros dedos.
- Seu bebê vai ficar fascinado com os rostos desenhados nos seus dedos. Também vai começar a imitar você e abrir e fechar os dedos.

Dos balbucios às palavras

Ponto de referência do desenvolvimento: os bebês de 3 a 6 meses já estudam rostos.

- Segundo os pesquisadores Alison Gopnik e Thierry Nazzi, os sons dos balbucios dos bebês não são ruídos aleatórios que são emitidos juntos; são aquilo que os bebês fazem para aprender a movimentar os lábios, a língua e os maxilares para pronunciar os sons que escutam.
- Quando seu bebê estiver balbuciando, aproxime-se dele e responda com outros balbucios.
- Ele vai observar o seu rosto com o maior cuidado. Enquanto você responde aos balbucios dele com os seus, (sempre faça uma pausa depois de balbuciar ou de dizer algumas palavras), acrescente uma palavra ao seu balbucio, como "bebê", por exemplo. Enquanto ele observa sua boca se mexer e ouve os sons, começa a aprender a palavra.
- Num outro dia, ou numa outra hora, acrescente uma nova palavra depois de repetir as antigas primeiro.

Rostos na luva

Ponto de referência do desenvolvimento: os bebês de 3 a 6 meses já estudam rostos.

- Essa experiência se baseia no fato de que os bebês gostam de ver rostos.
- Corte os dedos de um par de luvas de tricô de cores firmes.

- Use uma caneta hidrográfica atóxica de cor viva para desenhar um rosto colorido no meio da palma da luva.
- Ponha a luva na sua mão.
- Pegue o bebê no colo.
- Mostre a sua mão ao bebê. Enquanto você mexe os dedos, faça o rosto da luva "conversar" e "cantar" músicas; movimente o rosto da luva de acordo com a música, ou use a luva para contar histórias.
- Seu filho vai ficar fascinado e, ao mesmo tempo, vai desenvolver a capacidade de interação social.

Expressões faciais

Ponto de referência do desenvolvimento: os bebês de 3 a 6 meses já estudam rostos.

- Pegue seu bebê no colo de um jeito que ele possa ver o seu rosto.
- Faça uma ou duas das seguintes expressões:
  - ✓ Sorria.
  - ✓ Mostre a língua.
  - ✓ Mostre os dentes, aponte para eles e diga: "dentes".
  - ✓ Puxe as próprias orelhas enquanto diz: "orelhas".
  - ✓ Faça sons diferentes dando formas diferentes a seus lábios.
- Se o bebê começar a copiar você, repita a expressão ou som que você fez.
- Essa experiência é maravilhosa para desenvolver a capacidade de observação e para fortalecer o vínculo afetivo entre vocês dois.

Plumas voadoras

Ponto de referência do desenvolvimento: os bebês de 3 a 6 meses já reagem a experiências que estimulam seus sentidos.

- Deite-se no chão com o bebê a seu lado.
- Jogue para cima uma pluma de cores vivas e observe enquanto ela flutua e cai lentamente no chão.
- Essa é uma brincadeira muito relaxante, mas também incentiva o seu bebê a acompanhar objetos com os olhos.

  Nota: você pode encontrar plumas em lojas que vendem material de desenho e artes plásticas.

Escutar o som

Ponto de referência do desenvolvimento: os bebês de 3 a 6 meses já reagem a experiências que estimulam seus sentidos.

- Essa brincadeira desperta a percepção dos sons em seu bebê.
- Pegue várias chaves ou alguns guizos e balance-os devagar de um lado para o outro, na frente do seu bebê, para ele poder acompanhar seus movimentos.
- Fale com seu bebê sobre os sons: "Escute os guízos." "Puxa, como eu gosto do som dos guizos!".
- Coloque a mão do bebê na sua enquanto movimenta os guizos de um lado para o outro e repete as frases acima.

Sentir o toque

Ponto de referência do desenvolvimento: os bebês de 3 a 6 meses já reagem a experiências que estimulam seus sentidos.

- Os bebês adoram ser tocados. Este é um fator muito importante para o seu crescimento e desenvolvimento. O contato de pele com pele cria um vínculo afetivo especial entre você e seu bebê.
- Expanda o senso do tato de seu bebê com a experiência de ser tocado por outros materiais.
- Pegue um pedaço de pele de animal e esfregue-o delicadamente no bracinho do bebê. Descreva a experiência, dizendo: "Puxa, essa pele é tão macia!" ou "Não é gostoso quando essa pele toca o seu braço?".
- Repita com outros tecidos, como feltro, seda e veludo. Descreva a sensação tátil que cada tecido oferece a seu bebê.

Mais toques

Ponto de referência do desenvolvimento: os bebês de 3 a 6 meses já reagem a experiências que estimulam seus sentidos.

- Essa experiência de toque estimula os sentidos de seu bebê e começa a construir a base da compreensão de esquerda e direita, um componente-chave para aprender a ler e escrever mais tarde.
- Coloque seu bebê deitado de costas e passe delicadamente a mão no bracinho esquerdo. Enquanto o afaga, diga palavras carinhosas como: "Bebê lindo" ou "Amo você". Repita com o braço direito.
- Passe depois para a perna esquerda e, em seguida, para a perna direita. Vire seu bebê de bruços e repita os movimentos, primeiro do lado esquerdo e, em seguida, do lado direito.
- Agora pegue seu bebê no colo e beije-o na bochecha esquerda e, depois, na bochecha direita.
- Se continuar a tocar sempre o lado esquerdo primeiro, quando seu filho começar a ler vai estar à vontade com o conceito de ler da esquerda para a direita.

Onde está o braço do bebê?

Ponto de referência do desenvolvimento: os bebês de 3 a 6 meses já sabem que as pessoas e as coisas têm nome ("mã-mã").

- Acelere o desenvolvimento da capacidade de expressão verbal de seu bebê descrevendo o que você faz na presença dele. Segundo Erika Hoff-Ginsberg, em *Language Development*, conversar com o bebê enquanto o veste e alimenta dá a ele justamente o que ele precisa para aprender a se comunicar.
- Enquanto estiver vestindo o seu bebê, diga o seguinte, de acordo com as ações descritas: "Onde está o braço do bebê? O braço do bebê está AQUI". Sacuda de leve o bracinho para cima e para baixo. "Vamos pôr a camiseta."
- Repita usando as diferentes partes do corpo, como: a perna, o cotovelo e a cabeça do bebê.

As coisas da cozinha

Ponto de referência do desenvolvimento: os bebês de 3 a 6 meses já sabem que as pessoas e as coisas têm nome ("mã-‑mã").

- Quando estiver na cozinha, mostre a seu bebê os diversos utensílios que você está usando, como um prato inquebrável.
- Diga "prato" várias vezes e deixe o bebê tocar no prato com a sua ajuda.
- Levante e abaixe lentamente o prato; depois, movimente-o de um lado para o outro enquanto repete a palavra "prato".
- Repita essa brincadeira com outras coisas que ficam na cozinha, como as frutas, os legumes, as verduras, os talheres e assim por diante. Sempre diga a palavra várias vezes enquanto faz os movimentos.

  Alerta de segurança: verifique se todos os objetos que você der a seu filho são seguros para ele manipular.

A linguagem dos sinais e o tato

Ponto de referência do desenvolvimento: os bebês de 3 a 6 meses já estão desenvolvendo a memória.

- Você pode ajudar seu bebê a aprender a linguagem dos sinais. Coloque delicadamente as mãos em cima das mãozinhas dele e faça os sinais usando as mãos e dedos do seu filho, para ele aprender os sinais pelo tato.
- Com o tempo, ele vai entender que esses movimentos têm um significado, que não são aleatórios ou arbitrários, o que pode ajudá-lo a comunicar o que ele deseja e precisa.
- Faça da linguagem dos sinais uma parte natural de suas atividades cotidianas com o bebê. Continue usando os sinais que indicam "leite" e "dormir". Acrescente os sinais para "comer" e "brincar" assim que seu bebê começar a explorar o mundo com todos os seus cinco sentidos.

Sinal de "comer": dê batidinhas nos lábios com os dedos juntos. Depois que seu bebê começar a usar este sinal (em geral, entre os 9 meses e 1 ano de idade), ele pode pôr a mão aberta sobre a boca, ou dentro dela.

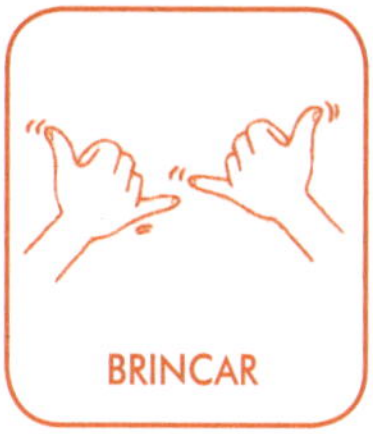

Sinal de "brincar": Estique o polegar e o mindinho de ambas as mãos fechadas e vire-os nos punhos rapidamente. Depois que seu bebê começar a usar este sinal (em geral, entre os 9 meses e 1 ano de idade), pode sacudir repetidamente ambas as mãos abertas.

Onde está o brinquedo?

Ponto de referência do desenvolvimento: os bebês de 3 a 6 meses já estão desenvolvendo a memória.

- Observe a reação de seu bebê quando as coisas desaparecem de seu campo de visão. Ele se inclina para procurar as coisas que deixou cair no chão? Põe um brinquedo de lado e volta para procurá-lo depois?
- Estes são indícios de que a memória de seu bebê está começando a se desenvolver. Quando ele era menorzinho, funcionava o velho ditado: "Longe da vista, longe do coração". Agora ele está descobrindo que as coisas existem mesmo quando não as vê.
- Mostre a seu bebê um de seus brinquedos prediletos e depois o coloque em algum lugar onde ele não possa vê-lo. Se ele virar a cabeça ou o corpo para procurar o brinquedo, ajude-o a pegar o objeto e diga palavras de incentivo, como: "Foi divertido, vamos repetir?".

Brinque de esconder com um brinquedo

Ponto de referência do desenvolvimento: os bebês de 3 a 6 meses já estão desenvolvendo a memória.

- Sente-se e pegue o bebê no colo.
- Ponha um brinquedo nas mãozinhas dele. Brinque com o objeto.
- Pegue uma echarpe ou uma toalha e cubra o brinquedo.

- Se o seu bebê tentar tirar a toalha de cima do objeto, isso significa que ele se lembra onde ele está. Se ele não se lembrar, puxe você mesma a toalha e diga: "Achei!".
- Faça essa brincadeira várias vezes para ajudar a desenvolver a memória do bebê.

Olha a luz!

Ponto de referência do desenvolvimento: os bebês de 3 a 6 meses já têm consciência de seu ambiente.

- Essa brincadeira ajuda a desenvolver a capacidade visual de seu bebê.
- Sente-se numa cadeira confortável num quarto escuro, com o bebê no colo.
- Acenda uma lanterna e dirija a luz para a parede para chamar a atenção do bebê. Depois diga algo como: "Olha que luz linda!". Enquanto diz essas palavras, movimente devagar o feixe de luz para cima e para baixo, para fazer a luz se mexer.
- Enquanto movimenta a lanterna, de vez em quando pare o feixe de luz em cima de objetos familiares. Se for uma mesa, diga: "Olha a mesa".
- Continue focando o feixe de luz em outros objetos do quarto até o seu bebê se cansar da brincadeira.

Comer – uma atividade social

Ponto de referência do desenvolvimento: os bebês de 3 a 6 meses já começam a entender o conceito de alternância. Os bebês dessa idade descobrem que não são os únicos a gostar de comer.

- Faça da hora das refeições uma atividade social e sirva-se de uma porção daquilo que estiver dando a seu bebê para comer. Faça o sinal de "comer" e diga: "Estou comendo".
- Coma uma porção do alimento e depois diga: "Agora é a sua vez de *comer*"; ao dizer a palavra comer, faça novamente o sinal que a indica.
- Continue repetindo essa alternância entre comer e dar de comer, e fazendo a cada vez o sinal que indica "comer".
- Você pode fazer o sinal de "comer" para seu filho de duas formas:
  - ✓ Coloque delicadamente os seus (da mãe ou do pai) dedos em cima dos lábios dele.
  - ✓ Ajude o bebê a fazer o sinal pegando os dedinhos dele e colocando-os em cima da boca.

COMER

Capítulo 3

PARA BEBÊS DE 6 A 9 MESES DE IDADE

Desenvolvimento físico

Os bebês de 6 a 9 meses

- Batem objetos uns nos outros
- Arrastam o corpo para a frente ou começam a engatinhar
- Sentam-se com pouco apoio
- Levantam o corpo para ficar de quatro e conseguem balançá-lo de um lado para o outro
- Esticam os braços com precisão para pegar objetos
- Puxam objetos para si

Desenvolvimento emocional/social

Os bebês de 6 a 9 meses

- Gostam de ser pegos no colo e abraçados
- Emitem muitos sons incompreensíveis, mas combinam algumas sílabas
- Apontam para objetos
- Querem tocar em tudo
- Produzem uma grande variedade de sons
- Gostam dos sons das rimas infantis e das cantigas de roda
- Pronunciam sons de duas sílabas combinadas
- Gostam de olhar sua imagem refletida no espelho
- Gostam de jogar coisas no chão de propósito
- Gostam de ouvir volumes e alturas diferentes de sons
- Gostam de ritmos rápidos e lentos
- Têm consciência dos sons do próprio corpo

Desenvolvimento intelectual

Os bebês de 6 a 9 meses

- Aprendem os nomes de partes do corpo
- Analisam o que querem fazer com um brinquedo
- Estudam objetos
- Compreendem a permanência dos objetos

Bater objetos uns nos outros

Ponto de referência do desenvolvimento: os bebês de 6 a 9 meses já batem objetos uns nos outros.

- Dê a seu bebê duas colheres de pau ou dois blocos de madeira.
- Cante uma de suas músicas prediletas. Enquanto você canta, pegue as mãozinhas dele e mostre-lhe como bater as colheres ou blocos no ritmo da música.
- Essa experiência é muito boa para desenvolver a coordenação olho-mão e o senso de ritmo do bebê.

Balançar e cair

Ponto de referência do desenvolvimento: os bebês de 6 a 9 meses já levantam o corpo para ficar de quatro e conseguem balançá-lo de um lado para o outro.

- Fique de quatro no chão. Incentive seu bebê a imitar você.
- Comece a balançar o corpo para a frente e para trás ao mesmo tempo em que diz: "Balança pra cá, balança prá lá, e tibum!" e, então deixe-se cair no chão.
- Levante o corpo de novo e repita.
- Enquanto seu bebê imita você, ele fortalece os músculos dos braços e das pernas.
- Mude o que você faz depois de se deixar cair no chão. Algumas ideias: virar-se de costas e chutar as pernas no ar, virar-se para um lado e depois para o outro, imitar vozes de animais, dizer: "Noite noturna", ou correr pelo quarto deitada de costas no chão.

Tocar a sola do pé

Ponto de referência do desenvolvimento: os bebês de 6 a 9 meses já arrastam o corpo para a frente ou começam a engatinhar.

- Quando seu filho estiver de quatro, em posição de engatinhar, esfregue delicadamente a sola de um dos pezinhos dele. Ele vai reagir a esse toque mexendo as pernas.
- Esfregue a sola do outro pé – isso vai ajudá-lo a aprender a engatinhar.

Pista de corrida de obstáculos

Ponto de referência do desenvolvimento: os bebês de 6 a 9 meses já arrastam o corpo para a frente ou começam a engatinhar.

- Ajude seu bebê a engatinhar, arrastar o corpo para a frente e correr, pois essas experiências ajudam a desenvolver a sua coordenação.
- Faça uma pista de corrida de obstáculos bem fácil – coloque travesseiros macios, lençóis e bichos de pelúcia no chão. Engatinhar passando por cima desses objetos aumenta a capacidade motora de seu filho.

Engatinhar por cima de você

Ponto de referência do desenvolvimento: os bebês de 6 a 9 meses já arrastam o corpo para a frente ou começam a engatinhar.

- Deite-se no chão e deixe seu bebê subir e engatinhar por cima de todo o seu corpo. Ponha-o em cima da sua barriga e deixe-o engatinhar em cima dela, ou sair de cima dela engatinhando.
- Coloque-o entre as suas pernas e dobre os joelhos para ele poder passar por baixo deles.
- Essas experiências vão ajudá-lo a engatinhar.

A brincadeira do chapéu

Ponto de referência do desenvolvimento: os bebês de 6 a 9 meses já esticam os braços com precisão para pegar objetos.

- Essa experiência desenvolve o vocabulário e a coordenação olho-mão do bebê.
- Arranje vários chapéus que sejam grandes o bastante para o seu filho tirá-los com facilidade da sua cabeça.
- Sente-se com seu bebê de frente para você.
- Depois de chamar a atenção de seu filho, ponha um dos chapéus na cabeça e diga algo que seu bebê ache interessante. Pode ser alguma coisa engraçada, ou que você diz com uma voz diferente. Você pode dizer: "Oi, meu filhinho querido! Por favor, tira esse chapéu da minha cabeça!".
- Abaixe-se, aproximando-se de seu bebê, e deixe que ele tire o chapéu de sua cabeça.
- Ponha o chapéu na cabeça do bebê e veja se ele próprio o tira.

Brincar de bola

Ponto de referência do desenvolvimento: os bebês de 6 a 9 meses já esticam os braços com precisão para pegar objetos.

- Essa é uma boa idade para começar a rolar bolas para a frente e para trás entre você e seu bebê.
- Mostre a seu bebê como pegar uma bola e fazê-la rolar (usar uma bola macia de pano que tenha um guizo dentro torna a brincadeira fácil e divertida).
- Sente-se perto do bebê, de frente para ele. Faça a bola rolar até ele e incentive-o a pegá-la e depois fazê-la rolar na sua direção.
- Enquanto faz a bola rolar, torne essa experiência mais divertida ainda dizendo palavras para animá-lo, como: "Riii!". Elogie-o quando ele pegar a bola.
- Essa brincadeira desenvolve a capacidade motora grossa (básica) e fina de seu bebê.

Mais brincadeiras com bolas

Ponto de referência do desenvolvimento: os bebês de 6 a 9 meses já esticam os braços com precisão para pegar objetos.

- As bolas têm uma grande variedade de tamanhos, formas e texturas. É incrível que os bebês entendam que todos esses objetos redondos são chamados de bolas!
- Coloque numa cesta – ou caixa – uma quantidade bem variada de bolas com as quais seja seguro o seu bebê brincar.
- Faça para o seu filho o sinal que indica bola na linguagem do surdos.
- Peça ao bebê para colocar a bola dentro do recipiente.
- Use uma expressão animada e brincalhona enquanto passa para ele cada uma das bolas e faz o sinal que indica *bola*.
- Quando todas as bolas estiverem no recipiente, tire-as e repita a brincadeira até seu filho dar indícios de que perdeu o interesse.

Sinal que indica *bola*: curve os dedos e encoste-os uns nos outros, juntando as mãos para fazer a forma de uma bola. Depois que seu bebê começar a usar o sinal corretamente (em geral, entre os 9 meses e 1 ano de idade), ele pode bater palmas ou juntar as palmas das mãos.

Balancinho

Ponto de referência do desenvolvimento: os bebês de 6 a 9 meses já se sentam com pouco apoio.

- Seu bebê está prestes a se sentar sozinho. Essa experiência vai ajudá-lo a se preparar para esse momento importante e, ao mesmo tempo, fortalecer os músculos de suas costas.
- Sente-se no chão com as pernas esticadas. Sente seu bebê entre elas, de frente para você; coloque um travesseiro ou almofada atrás dele para lhe dar equilíbrio.
- Pegue as mãozinhas dele e puxe-o delicadamente para a frente enquanto você se inclina para trás.
- Enquanto faz esse movimento para trás e para a frente, cante: "Rema, rema, remador".
- Depois que seu bebê entender o que está acontecendo, procure fazer os movimentos no mesmo ritmo da música.

Cabo de guerra

Ponto de referência do desenvolvimento: os bebês de 6 a 9 meses já puxam objetos para si.

- Depois que seu bebê já estiver se sentando sozinho, segure a ponta de uma toalha e dê a ele a outra ponta. Puxe delicadamente a sua ponta.
- Mostre a seu bebê como puxar a sua própria ponta e, quando ele conseguir, mexa seu corpo de modo a fazê-lo pensar que ele está puxando você também. Os bebês adoram essa atividade, que também fortalece os seus bracinhos.
- Faça comentários do tipo: "Como você está forte!".

Amo você

Ponto de referência do desenvolvimento: os bebês de 6 a 9 meses já gostam de ser pegos no colo e abraçados.

- Sente-se numa poltrona e pegue seu filho no colo. Embale-o delicadamente enquanto canta uma música de ninar, ou diga palavras que transmitam o seu amor por ele.
- Por exemplo: "Bebê, bebê (use o nome da criança), eu amo você. Você é tão especial, tão especial!" ou "Bebê, bebê (use o nome da criança), eu amo você! Vamos pra lá, vamos pra cá e pá! Beijinho!" e dê-lhe um beijo na testa.

Rimas infantis e cantigas de roda

Ponto de referência do desenvolvimento: os bebês de 6 a 9 meses já pronunciam sons de duas sílabas combinadas.

- As rimas infantis e as cantigas de roda têm palavras maravilhosas para usar na prática dos sons de duas sílabas combinadas. Por exemplo: "O sapo não lava o pé" "Cai, cai, balão" "O cravo brigou com a rosa".
- Se você conhece algumas dessas rimas e cantigas de roda, pode recitá-las ou cantá-las para o seu bebê; se não conhecer, pode inventar sons de duas sílabas usando palavras familiares que seu bebê já reconhece, como "papai, papar" ou "totó, tutu".
- Invente uma história simples usando suas próprias palavras. Por exemplo: "Um dia, o papai veio papar mingau com o Lalau".

Sopra, sopra, sopra

Ponto de referência do desenvolvimento: os bebês de 6 a 9 meses emitem muitos sons incompreensíveis, mas já combinam algumas sílabas.

- Quando seu bebê começar a balbuciar o tempo todo, ensine-o a soprar. Isso vai ajudá-lo a aprender a controlar a respiração e a desenvolver os músculos da boca, o que vai prepará-lo para falar.
- Mostre ao bebê como franzir os lábios e soprar delicadamente o ar. Sopre na mãozinha dele e, se ele gostar, diga-lhe que vai soprar na sua bochecha.
- Veja se ele consegue soprar o ar em você.
- Depois que ele aprender a soprar o ar, experimente soprar outras coisas, como uma pluma, ou fazer bolas de sabão. Nesse estágio, faça bolas de sabão para o seu bebê. Quando ele estiver maior, vai conseguir usar canudos para fazer suas próprias bolas.

Recheie o dia com palavras

Ponto de referência do desenvolvimento: os bebês de 6 a 9 meses emitem muitos sons incompreensíveis, mas já combinam algumas sílabas.

- Rechear o dia com palavras desenvolve o vocabulário do seu bebê.

- Quando ele começar a dizer palavras como: "mais", "alto", "tchau", "mamãe", "totó" ou "luz", a sua forma de reagir a essas palavras faz diferença no desenvolvimento da linguagem do seu filho.
- Quando o bebê disser uma palavra, responda com uma frase completa, usando aquela palavra na sentença. Por exemplo: se o bebê disser "mais", responda com "Você quer mais leite?". Sempre destaque a palavra que seu bebê usou. Se o seu bebê disser: "totó", responda com algo como: "Aquele totó tem o pelo marrom. Ele fala com o seu au-au".

Espelho, espelho meu

Ponto de referência do desenvolvimento: os bebês de 6 a 9 meses já gostam de olhar sua imagem refletida no espelho.

- Os bebês adoram ver a própria imagem no espelho. Alimente esse prazer ficando de pé ou sentada com seu bebê na frente de um espelho inquebrável, fazendo caretas engraçadas. Muitas vezes, o seu bebê vai imitar essas caretas.
- Quando estiver se olhando no espelho com o seu bebê, faça movimentos diferentes, como acenar com as mãos, bater palmas, mostrar a língua, balançar a cabeça de um lado para o outro, como quem está dizendo não, pular ou cantar uma música.
- Faça essas coisas e veja se o seu bebê repete o que você fez.

Tchau, luz

Ponto de referência do desenvolvimento: os bebês de 6 a 9 meses já apontam para objetos.

- Deixe seu bebê ajudar você a desligar a luz apertando o interruptor. Quando a luz desaparecer, diga: "Tchau, luzinha!". Depois de algum tempo, ele vai fazer a conexão entre apertar o interruptor, a luz ser desligada e o quarto ficar escuro.
- Aponte para a luz e diga: "Luz".
- Desligue a luz e diga: "Tchau, luz!", e desligue o interruptor.

Apontar para a mesa

Ponto de referência do desenvolvimento: os bebês de 6 a 9 meses já apontam para objetos.

- Os bebês adoram apontar objetos. Este é um momento perfeito para desenvolver seu vocabulário e divertir-se ao mesmo tempo.
- Pegue três objetos do quarto que sejam familiares a seu bebê.
- Enquanto diz o nome de cada um deles, pegue o indicador de seu bebê e aponte-o para o objeto. Por exemplo: diga "mesa" e guie o indicador do bebê até ele apontar para a mesa.
- Escolha outros objetos familiares para os quais apontar o dedo do seu bebê.

A brincadeira da moldura

Ponto de referência do desenvolvimento: os bebês de 6 a 9 meses já apontam para objetos.

- Desenhe uma moldura quadrada num pedaço grande de papelão. Corte a parte de dentro de modo a ficar apenas a moldura.
- Segure essa moldura na frente do seu rosto, de modo que seu rosto apareça na parte cortada.
- Peça a seu bebê para olhar para você. Converse com ele e diga-lhe o que está vendo. Você pode dizer, por exemplo: "Estou vendo o nariz do bebê". E então ele deve apontar para o próprio nariz. Se ele não conseguir, pegue o seu dedinho indicador e aponte-o para o seu nariz.
- Continue a brincadeira com outras partes do corpo e outros objetos do quarto. Sempre guie o seu dedinho indicador e aponte o objeto ou a parte do corpo, se ele não conseguir fazer isso sozinho.
- Depois ponha a moldura na frente do rosto do seu bebê. Você vai ter que lhe dizer as palavras, mas ele vai entender e aprender muitos termos novos.

Encher a cesta, esvaziar a cesta

Ponto de referência do desenvolvimento: os bebês de 6 a 9 meses já gostam de jogar coisas no chão de propósito.

- Coloque uma cesta grande ou uma bacia e vários objetos na frente do seu bebê.
- Coloque um dos objetos dentro da cesta ou bacia. Diga a seu bebê o que você está fazendo.
- Incentive seu bebê a imitar você. Se ele não entender, ponha um dos objetos na sua mãozinha e depois o coloque no recipiente.
- Quando ele cair, diga palavras que indicam que algo cai, como "pá!".

Deixa cair

Ponto de referência do desenvolvimento: os bebês de 6 a 9 meses já gostam de jogar coisas no chão de propósito.

- Os bebês gostam de deixar os objetos cair – ou de jogá-los no chão de propósito, tanto quanto estão no cadeirão quanto no berço. Observam o objeto cair e ouvem o som que ele faz quando bate no chão. Quando o seu bebê faz isso, está explorando as relações de causa e efeito.
- Coloque seu bebê no cadeirão.
- Dê-lhe objetos que façam sons diferentes ao cair como um chocalho, uma colher de pau, uma bola e uma toalha de banho.
- Converse com o seu bebê sobre os diversos sons. "Ah, este fez um som suave!" "Aquele chocalho faz um barulhão!"

Cantar e tocar

Ponto de referência do desenvolvimento: os bebês de 6 a 9 meses querem tocar em tudo.

- Essa brincadeira dá a seu bebê a chance de tocar objetos enquanto ouve o nome deles.
- Quando estiver com seu bebê no colo, diga: "Vamos tocar a mesa, sim, sim, vamos tocar a mesa". Pegue a mão de seu bebê e coloque-a em cima da mesa.
- Passe para outro objeto e diga: "Vamos tocar a cadeira, sim, sim, vamos tocar a cadeira". Pegue a mão de seu bebê e faça com que ele toque a cadeira.
- Inclua as palavras "sim, sim" toda vez para tornar a brincadeira mais engraçada.
- Comece com objetos familiares da vida cotidiana, como mesa, cadeiras, paredes, utensílios de cozinha e assim por diante.
- Depois de fazer isso algumas vezes com o seu bebê, repita o nome dos mesmos objetos e incentive seu bebê a tocá-los por conta própria.

A viagem da textura

Ponto de referência do desenvolvimento: os bebês de 6 a 9 meses querem tocar em tudo.

- Embarque numa viagem de texturas. Toque texturas diferentes e descreva a sensação que elas provocam. Por exemplo: um travesseiro é macio, a tampa da mesa é lisa. A geladeira é fria e a parede é dura.
- Sempre diga o nome do objeto que você está tocando e depois descreva a sensação que ele provoca.
- Essas experiências vão aumentar o vocabulário da criança.

Tocar e aprender

Ponto de referência do desenvolvimento: os bebês de 6 a 9 meses querem tocar em tudo.

- Todo mundo – os bebês inclusive – descobrem os objetos do mundo tocando neles, sentindo-os e fazendo coisas com eles. Os bebês, como todos nós, precisam interagir com os objetos do seu mundo para poder compreendê-los.
- Ponha um copo, uma colher e um chocalho em cima de uma mesa. Sente-se diante dela com o bebê no colo. Primeiro, pegue o copo a faça de conta que vai beber alguma coisa que está dentro dele. Diga: "Ah, que gostoso!".
- Depois ofereça o copo a seu bebê e incentive-o a fazer de conta que está bebendo como você.
- Continue a brincadeira, usando a colher e sacudindo o chocalho.

As vozes dos ursinhos

Ponto de referência do desenvolvimento: os bebês de 6 a 9 meses já gostam de ouvir volumes e alturas diferentes de sons.

- Esse é um momento maravilhoso para ler ou contar a seu filho a história de *Cachinhos Dourados e os três ursos*.
- Depois de contar a história a seu bebê, faça de conta que é o Papai Urso e diga, com uma voz bem grossa: "Eu sou o Papai Urso. Quem andou comendo o meu mingau?".
- Repita com a Mamãe Ursa e o Bebê Urso, mudando de voz de acordo com cada personagem.

O tambor

Ponto de referência do desenvolvimento: os bebês de 6 a 9 meses já gostam de ouvir volumes e alturas diferentes de sons.

- Transforme um pote grande de sorvete num tambor de brinquedo virando-o de pernas pra cima.
- Dê a seu bebê dois objetos de tamanhos diferentes para ele usar para bater no tambor. Sugestões: uma colher de pau grande e uma colher de metal pequena.
- Enquanto seu bebê usa os dois objetos diferentes para bater no tambor, vai ouvir um som mais grave e outro mais agudo.
- Cante uma música que seu bebê goste, ou bata palmas acompanhando as batidas dele no tambor.
- Essa brincadeira desenvolve a capacidade auditiva de seu bebê.

Contar em voz alta e baixa

Ponto de referência do desenvolvimento: os bebês de 6 a 9 meses já gostam de ouvir volumes e alturas diferentes de sons.

- Os bebês adoram o elemento surpresa.
- Sente-se no chão com seu filho. Bata palmas junto com ele e diga: "Pá!".
- Pegue as mãozinhas do bebê e bata palmas com elas, dizendo: "Pá!". Depois de fazer isso algumas vezes, faça a brincadeira apresentada abaixo.
- Diga: "Um, dois, três, pá!". Quando disser: "Pá!", bata palmas.
- Repita esse procedimento várias vezes, batendo as mãozinhas do seu bebê. Varie a velocidade com que diz as palavras (e bata palmas com as mãos do bebê), e varie também o volume, alternando entre pronunciar as palavras em voz alta e baixa.
- Experimente contar bem baixinho e dizer: "Pá!" em voz alta.
- Experimente contar bem alto e dizer: "Pá!" em voz baixa.
- Sempre bata palmas quando disser a palavra "Pá!"
- Você também pode bater os pés no chão, bater com a palma da mão na coxa e pular ao dizer "Pá!".
- Essa brincadeira é excelente para desenvolver a linguagem, e seu bebê vai aprender a esperar a palavra "Pá!"

Sons diferentes

Ponto de referência do desenvolvimento: os bebês de 6 a 9 meses já gostam de ouvir volumes e alturas diferentes de sons.

- Dê uma colher de pau a seu bebê.
- Incentive-o a batucar com ela em superfícies diferentes: no chão, na mesa, na cadeira, na parede e outras que você escolher.
- Você também pode preparar superfícies para ele batucar – um recipiente de plástico com tampa, uma caixa de sapatos com tampa ou um saco de papel recheado com papel de seda.
- Uma boa forma de fazer essa atividade é você batucar primeiro e depois incentivar seu filho a imitá-la.

As vozes dos animais

Ponto de referência do desenvolvimento: os bebês de 6 a 9 meses já produzem uma grande variedade de sons.

- Este é um momento perfeito para introduzir a voz dos animais. "O que é que a vaca faz?" "O que é que o gato faz?"
- Mostre imagens dos animais a seu bebê e imite a voz de cada um deles.
- A capacidade de expressão verbal do seu bebê vai aumentar cada vez mais.

Bateria já

Ponto de referência do desenvolvimento: os bebês de 6 a 9 meses já gostam de ritmos rápidos e lentos.

- Sente-se no chão com o seu bebê no colo de frente para você.
- Pegue duas baquetas ou duas colheres de pau. Segure uma delas e dê a outra a seu filho.
- Bata com a baqueta no chão e diga: "Bum, bum, bum".
- Pegue a mãozinha de seu filho que está com a baqueta e bata-a no chão e diga: "Bum, bum, bum".
- Dessa vez, bata mais rápido e diga a palavra *bum* mais depressa.
- Ajude seu filho a fazer o mesmo.
- Alterne as batidas com a pronúncia da palavra *bum* mais rápida e mais lenta.
- Essa experiência ajuda os bebês a compreender os conceitos de rápido e devagar.

Reconhecimento de rimas

Ponto de referência do desenvolvimento: os bebês de 6 a 9 meses já gostam de rimas.

- Segundo um artigo publicado pela revista *Journal of the Acoustical Society of America,* as crianças que gostam de fazer sons variados aprendem a ler mais depressa que as outras. Isso significa que aprendem desde tenra idade a reconhecer as rimas e os sons de sua língua.

- Recitar rimas infantis, ou quaisquer outras, para os bebês dá início ao desenvolvimento dessa importante capacidade de expressão verbal.
- Construa duas frases que tenham palavras rimadas no fim. Diga, por exemplo: "Dá pra mim o seu chapéu" e "Dá pra mim a bala de mel". Destaque os sons rimados.
- Quando os bebês ouvem as palavras enfatizadas, percebem melhor o seu som.

Sons com os pés e mãos

Ponto de referência do desenvolvimento: os bebês de 6 a 9 meses já têm consciência dos sons do próprio corpo.

- Fazer sons com as diversas partes do corpo ajuda seu bebê a ter mais consciência dos sons e a conhecer melhor as partes do corpo.
- Faça cada som e depois ajude seu bebê a imitá-los, um por um. Entre os sons das mãos, temos aqueles produzidos por bater palmas, esfregar as palmas uma na outra, bater os punhos um no outro e batucar com os dedos no chão. Entre os sons dos pés, temos aqueles produzidos quando você pula, bate o pé no chão, anda na ponta dos dedos e marcha.

Mostra pra mim

Ponto de referência do desenvolvimento: os bebês de 6 a 9 meses já aprendem os nomes de partes do corpo.

- Dizer o nome das partes do corpo para o seu bebê reforça o aprendizado: "Onde está o nariz de Mariana?" "O nariz de Mariana está aqui" "Onde estão os dedos de Mariana?" "Os dedos de Mariana estão aqui".
- Logo seu bebê vai lhe mostrar as partes do corpo quando você disser o seu nome.

Dez dedos

Ponto de referência do desenvolvimento: os bebês de 6 a 9 meses já aprendem os nomes de partes do corpo.

- Uma das primeiras coisas que um bebê descobre é a mão. Ele a põe na boca, agarra uma com a outra e usa ambas para pegar objetos.
- Eis aqui uma brincadeira para ensinar a seu filho o nome das partes do corpo e, ao mesmo tempo, divertir-se.
- Sente-se com seu bebê perto de você.
- Tire seus sapatinhos e meias e diga e faça o seguinte:
  Diga: "Esses aqui são os dedos do bebê. Ponha os dedos na sua cabeça". E, ao dizer isso, ponha os dedos da criança em sua cabeça.
  Diga: "Esses aqui são os dedos do bebê. Ponha os dedos nos seus pés". E, ao dizer isso, encoste seus dedos nos pés.
  Diga: "Esses aqui são os dedos do bebê. Ponha os dedos nas orelhas". E, ao dizer isso, encoste seus dedos nas orelhas.
- Repita com as outras partes do corpo.

A brincadeira da fralda

Ponto de referência do desenvolvimento: os bebês de 6 a 9 meses já aprendem os nomes das partes do corpo.

- Uma brincadeira gostosa de fazer na hora de trocar a fralda é dizer o nome das partes do corpo cantando. Os bebês adoram música e as melodias chamam a sua atenção.
- Escolha uma de suas músicas prediletas, ou invente uma.
- Cante uma letra que fale das partes do corpo de seu bebê enquanto você as toca delicadamente. Comece dizendo o nome dos pés e vá subindo até a barriguinha, depois até os cotovelos, os ombros e, por fim, o rosto.

Segurar o brinquedo

Ponto de referência do desenvolvimento: os bebês de 6 a 9 meses já analisam o que querem fazer com um brinquedo.

- Dê dois brinquedos pequenos a seu filho, um para cada mão.
- Enquanto ele estiver segurando os brinquedos, ofereça-lhe um terceiro brinquedo e ajude-o a soltar um deles para pegar o outro.
- Ponha o terceiro brinquedo na sua mão e diga: "Um brinquedo para você". Depois diga: "Um brinquedo para mim", enquanto pega um brinquedo.
- Repita: "Um brinquedo para você" enquanto lhe dá outro brinquedo. E repita: "Um brinquedo para mim", enquanto você pega outro brinquedo.
- Diga: "Um brinquedo para você" e incentive-o a largar um dos brinquedos que ele está segurando para pegar o outro.

Jogar bola

Ponto de referência do desenvolvimento: os bebês de 6 a 9 meses já analisam o que querem fazer com um brinquedo.

- Dê a seu bebê uma bolinha de borracha que ele consiga segurar na mão. Deixe-o experimentar fazer a bola rolar, e brincar com ela de outras maneiras.
- Pegue a bola e coloque-a numa bolsa com zíper grande. A bolsa deve ter um tamanho que permita mexer a bola lá dentro dela.
- Deixe seu bebê tentar empurrar a bola em várias direções dentro da bolsa, e tentar imobilizá-la lá dentro.
- Essa brincadeira é muito divertida para o seu bebê e desenvolve a sua coordenação olho-mão.

Alerta de segurança: não deixe o bebê fazer isso sem supervisão. Além disso, é preciso tirar a bolsa de perto dele depois que a brincadeira terminar.

Algo diferente

Ponto de referência do desenvolvimento: os bebês de 6 a 9 meses já estudam os objetos.

- Arranje duas figuras de revista que sejam exatamente iguais, ou faça dois desenhos simples exatamente iguais.
- Mostre essas duas figuras a seu bebê e cite o nome de alguns itens presentes nas figuras. Por exemplo: diga "Olha o menino" enquanto aponta para o menino em uma das figuras, repita as palavras e depois aponte para o menino da segunda figura.

- Depois de examinar as figuras por algum tempo, acrescente alguma coisa, como uma bola, uma árvore ou uma linha em ziguezague a uma das figuras.
- Mostre o novo item a seu bebê em uma das figuras. Depois mostre-lhe a segunda imagem e pergunte: "Onde está o (novo objeto)?".
- Como o seu bebê não vai encontrar o novo item na segunda figura, desenhe-o enquanto ele estiver olhando.
- Esse tipo de atividade prepara o terreno para o reconhecimento das letras e para as experiências de leitura no futuro.

Encontrar um brinquedo

Ponto de referência do desenvolvimento: os bebês de 6 a 9 meses já compreendem a permanência dos objetos.

- Pegue um dos brinquedos prediletos de seu filho. Diga seu nome e ponha-o de lado.
- Pegue-o de novo e diga: "Vou pôr este brinquedo atrás de mim". Verifique se o bebê está olhando para você enquanto você põe o brinquedo nas suas costas.
- Pergunte ao bebê: "Onde está o brinquedo?". Se ele souber a resposta (apontando para você ou indo até onde o brinquedo está), elogie-o entusiasticamente.
- Repita a brincadeira, mas dessa vez ponha o brinquedo atrás do seu bebê e veja se ele consegue descobrir onde o brinquedo está.
- O estágio final do desenvolvimento dessa brincadeira é quando o seu bebê põe o brinquedo nas suas próprias costas. Quando ele consegue fazer isso, é porque já entendeu o conceito.

Capítulo 4

PARA BEBÊS DE 9 A 12 MESES DE IDADE

Desenvolvimento físico

Os bebês de 9 a 12 meses

- Conseguem engatinhar sem encostar a barriga no chão
- Fazem movimentos sinuosos, chutam e sacodem as pernas
- Gostam de pôr objetos dentro de recipientes
- Pegam coisas usando o polegar e o indicador como uma pinça
- Têm boa coordenação entre a mão e os dedos
- Transferem objetos de uma mão para a outra e depois fazem o movimento inverso
- Gostam de sentir texturas diferentes
- Gostam de fazer uma bola rolar
- Batem palmas e acenam para dizer tchau, quando se pede a eles
- Conseguem andar com ajuda

Desenvolvimento emocional/social

Os bebês de 9 a 12 meses

- Dizem "não" com a palavra e com um gesto, ao balançar a cabeça de um lado para o outro
- Gostam de ver livros com você
- Copiam e imitam o que você faz
- Gostam de cantar
- Riem de coisas engraçadas
- Dizem várias palavras

Desenvolvimento intelectual

Os bebês de 9 a 12 meses

- Dizem "mamãe" e "papai" para a pessoa certa
- Compreendem o significado das palavras dentro de um contexto
- Seguem instruções simples
- Reconhecem figuras em livros ou revistas
- Começam a entender o conceito de causa e efeito
- Compreendem o significado das palavras que ouvem
- Gostam de fazer de conta
- Compreendem os sinais que aprenderam da linguagem dos surdos
- Respondem a perguntas familiares com gestos ou palavras

Engatinhar bem

Ponto de referência do desenvolvimento: os bebês de 9 a 12 meses já conseguem engatinhar sem encostar a barriga no chão.

- Engatinhar promove atividades de criação de circuitos complementares e desenvolve os circuitos cerebrais que vão permitir que a criança ande.
- Incentive a experiência de engatinhar de seu bebê ficando de pé com as pernas separadas e deixando que ele passe entre elas engatinhando.
- Outra possibilidade é você se deitar no chão e deixar seu filho engatinhar em cima de suas costas.
- Alterne essas duas experiências de engatinhar.

Por baixo das pernas

Ponto de referência do desenvolvimento: os bebês de 9 a 12 meses já conseguem engatinhar sem encostar a barriga no chão.

- Sente-se no chão e apoie as pernas uma na outra com os joelhos dobrados. Abra um espaço para o seu bebê poder passar engatinhando por baixo delas.
- Ponha um dos brinquedos do bebê do outro lado do arco formado por suas pernas, para que ele tenha de passar engatinhando por baixo delas para pegar o brinquedo.
- Quando seu bebê estiver exatamente embaixo de suas pernas, abra-as e diga: "Achei!". Ele vai adorar!
- Repita até o seu bebê se cansar da experiência.

O túnel

Ponto de referência do desenvolvimento: os bebês de 9 a 12 meses já conseguem engatinhar sem encostar a barriga no chão.

- Use várias caixas para fazer um túnel.
- Sente-se numa das pontas do túnel, olhe para a outra ponta e chame o seu bebê.
- Incentive seu filho a engatinhar através do túnel para chegar até você. Se ele não entender o que você está lhe propondo, engatinhe você através do túnel para lhe mostrar o que fazer.
- Essa brincadeira é excelente para desenvolver a capacidade de percepção da criança.

Como uma cobrinha

Ponto de referência do desenvolvimento: os bebês de 9 a 12 meses já fazem movimentos sinuosos, chutam e sacodem as pernas.

- Dê a seu bebê a liberdade de se movimentar em todas as direções. Os bebês gostam de ficar deitados de costas, porque assim podem chutar e mexer as pernas de várias formas, e observar o ambiente.
- Deite-se de costas com o bebê ao seu lado.
- Faça movimentos sinuosos e sacuda as pernas, e incentive seu bebê a fazer o mesmo.
- Role de um lado para o outro e ajude o bebê a imitar esses movimentos.

Dentro e fora

Ponto de referência do desenvolvimento: os bebês de 9 a 12 meses já gostam de pôr objetos dentro de recipientes.

- Veja como o seu bebê gosta de tirar os brinquedos de dentro de um recipiente.
- Escolha três objetos – que podem ser uma bola, uma colher e um carrinho – e ponha todos eles dentro de uma caixinha.
- Ao colocar os objetos na caixinha, diga o nome de cada um deles.
- Peça a seu bebê para pegar a colher. Quando ele pegar, faça-lhe muitos elogios.

Echarpes coloridas

Ponto de referência do desenvolvimento: os bebês de 9 a 12 meses já gostam de pôr objetos dentro de recipientes.

- Amarre várias echarpes umas nas outras ou pedaços de pano coloridos. Enfie uma das pontas num tubo de papelão e peça a seu bebê para puxá-las de lá dentro.
- Ponha novamente as echarpes dentro do tubo de papelão, mostrando a seu bebê como fazer isso.
- Enquanto você puxa as echarpes lá de dentro, fale sobre suas lindas cores e suas texturas sedosas e macias.
- Entregue as echarpes a seu bebê e incentive-o a colocá-las dentro do tubo.

Exploração do mundo externo

Ponto de referência do desenvolvimento: os bebês de 9 a 12 meses já gostam de pôr objetos dentro de recipientes.

- Explorar o mundo externo é algo que o seu bebê vai gostar.
- Leve uma cesta para fora de casa e coloque dentro dela alguns objetos que encontrar, como folhas, galhos, grama e flores.
- Conversar com seu filho sobre esses itens vai desenvolver o seu vocabulário.

Empilhar copinhos

Ponto de referência do desenvolvimento: os bebês de 9 a 12 meses já gostam de pôr objetos dentro de recipientes.

- Enquanto seu bebê observa, ponha um dentro do outro vários copinhos de plástico de tamanhos diferentes.
- Dê o copinho maior ao bebê; depois um menor e assim sucessivamente.
- Incentive-o a pôr cada copinho que você lhe dá dentro do outro maior.
- Quando ele terminar, bata palmas e grite: "Viva!" para comemorar.
- Separe os copinhos e deixe o bebê brincar com eles enquanto você observa e ajuda quando necessário. Toda vez que seu bebê conseguir pôr um copinho dentro de outro, bata palmas e grite "Viva!".

Colar brinquedos

Ponto de referência do desenvolvimento: os bebês de 9 a 12 meses já pegam coisas usando o polegar e o indicador como uma pinça.

- Depois que seu bebê já estiver dominando o movimento de pinça e conseguir pegar e manipular seus brinquedos, faça com ele essa experiência divertida que vai desenvolver a sua capacidade motora fina e a coordenação olho-mão.
- Retire a proteção de um pedaço de papel contato. Coloque-o no chão com a parte que tem a cola para cima. Firme-o bem nos quatro cantos com fita crepe.
- Pegue vários brinquedos pequenos e cole-os no papel.
- Mostre os brinquedos colados a seu filho e incentive-o a pegá-los.
- É muito divertido descolar os brinquedos. Seu bebê também vai querer colá-los novamente no papel contato.
- Mostre-lhe que ele pode colar o próprio dedinho no papel contato.

Abrir e fechar um zíper

Ponto de referência do desenvolvimento: os bebês de 9 a 12 meses já pegam coisas usando o polegar e o indicador como uma pinça.

- Mostre a seu bebê o zíper de uma roupa e o que fazer para abri-lo e fechá-lo.
- Essa é uma forma excelente de promover o desenvolvimento motor fino necessário para usar os dedos polegar e indicador como uma pinça.
- Diga: "Um, dois, trêêêêês, abre!". Quando disser "Abre!", movimente o zíper.
- Repita a experiência fechando o zíper.

Gira, gira

Ponto de referência do desenvolvimento: os bebês de 9 a 12 meses já têm boa coordenação entre a mão e os dedos.

- Ser capaz de girar os punhos é uma capacidade motora fina importante que precisa ser praticada.
- Pegue o punho de seu bebê e diga: "Punho". Mostre-lhe como girar o punho de um lado para o outro, e também como movimentá-lo para cima e para baixo.
- Segure a sua mãozinha e faça delicadamente esses movimentos para ele poder aprender.
- Repita várias vezes e depois incentive-o a fazer esses movimentos sozinho ao mesmo tempo em que observa você mexer o próprio punho para cima, para baixo e para os lados.

Abrir, fechar

Ponto de referência do desenvolvimento: os bebês de 9 a 12 meses já têm boa coordenação entre a mão e os dedos.

- Seu bebê precisa aprender a usar as mãos para fazer uma infinidade de coisas, como se divertir com os brinquedos, alimentar-se e vestir-se sozinho.
- Mostre-lhe como abrir e fechar as mãos. Veja alguns exercícios para desenvolver essa capacidade.
- Descreva os movimentos e faça os exercícios junto com o seu bebê com uma mão.

  ✓ Feche os dedos.
  ✓ Abra os dedos.
  ✓ Sacuda os dedos.
  ✓ Repita com a outra mão.

- Agora repita com as mãos para o alto.

Tirar a tampa

Ponto de referência do desenvolvimento: os bebês de 9 a 12 meses já têm boa coordenação entre a mão e os dedos.

- Os bebês precisam aprender a resolver problemas por meio da exploração livre do seu meio ambiente. Essa brincadeira vai lhes dar essa oportunidade.
- Arranje três objetos com tampas que sejam fáceis de pôr e tirar. Por exemplo: uma panela, uma caixa de sapatos e um recipiente de plástico.
- Quando seu bebê estiver olhando, ponha a tampa em cada um deles.
- Depois tire as tampas e peça a seu bebê para pôr a tampa de volta.
- Só o ajude se ele lhe pedir. Você vai ficar fascinada ao observar a jovem inteligência de seu bebê descobrir o que fazer.

De uma mão para a outra

Ponto de referência do desenvolvimento: os bebês de 9 a 12 meses já transferem objetos de uma mão para a outra e depois fazem o movimento inverso.

- Dê a seu bebê dois copos de papel e um punhado de cereal seco.
- Mostre-lhe como transferir o cereal de um copo para o outro.
- Seu bebê vai adorar fazer essa brincadeira, que desenvolve sua capacidade motora fina.

Cores, formas e cheiros

Ponto de referência do desenvolvimento: os bebês de 6 a 9 meses já gostam de sentir texturas diferentes.

- Toda vez que o seu bebê usa um dos seus sentidos, o cérebro cria uma conexão, ou circuito.

  Nota: embora essa experiência use uma abóbora, você pode empregar muitos materiais diferentes, de outras frutas e legumes a uma caixa de papelão.

- Vá ao supermercado e compre uma abóbora pequena. Converse com seu filho sobre a abóbora e mostre-lhe ilustrações da mesma em revista.
- Abra a parte de cima da abóbora e olhe lá dentro junto com o seu bebê.
- Cheire a abóbora e sinta a parte de dentro. Sinta as sementes e a polpa macia.
- Enquanto ajuda seu filho a explorar o interior da abóbora, descreva a experiência: "Ah, que cheiro bom!" "Ah, ela é tão escorregadia!".

Lá vai a bola!

Ponto de referência do desenvolvimento: os bebês de 9 a 12 meses já gostam de fazer uma bola rolar.

- Sente-se no chão de frente para o seu bebê.
- Faça uma bola rolar até ele e incentive-o a devolver-lhe a bola da mesma forma.
- Quando fizer a bola rolar, diga: "Um, dois, três, lá vai a bola!". Diga: "Um, dois" num tom de voz normal e "Três!" num tom de voz mais alto, mais animado.
- Logo o seu bebê vai ficar esperando você dizer "Três!" para poder lhe devolver a bola.
- Essa brincadeira desenvolve as capacidades motora e auditiva da criança, além de começar a introduzir o conceito de alternância.

Empurrar o andador

Ponto de referência do desenvolvimento: os bebês de 9 a 12 meses já conseguem andar com ajuda.

- Deixe seu bebê praticar andar com o apoio de um andador. Ajude seu filho a empurrar o andador e depois parar.
- Empurre de novo e pare.
- Enquanto empurra e pára, diga: "Eu ando, ando e depois paro".
- Repita várias vezes.
- Seu bebê vai adorar essa experiência ao mesmo tempo em que estará praticando andar.

Texturas para os meus pés

Ponto de referência do desenvolvimento: os bebês de 9 a 12 meses já conseguem andar com ajuda.

- Andar descalço em cima de texturas diferentes ajuda seu bebê a desenvolver o equilíbrio, além de ser uma experiência sensorial muito gostosa.
- Coloque no chão materiais diferentes que ofereçam diversas sensações de tato, como pedaços quadrados de carpete, esponjas achatadas, pedaços quadrados de linóleo, travesseiros.
- Segure as mãos do seu filho enquanto ele anda em cima dessas texturas diferentes. Descreva a sensação provocada por cada uma delas, como: "Isso aqui é liso" ou "Isso aqui é macio".
- Essa brincadeira também desenvolve o equilíbrio e a capacidade de expressão verbal de seu bebê.

Um, dois, três, bate palminhas

Ponto de referência do desenvolvimento: os bebês de 9 a 12 meses já batem palmas e acenam para dizer tchau, quando se pede a eles.

- Essa brincadeira também é uma iniciação aos números.
- Conte: "Um, dois" num tom de voz normal, diga: "Três!" num tom de voz mais alto e bata palmas.
- Você pode acrescentar outros movimentos depois das palmas, como bater palmas e pular, virar-se, inclinar-se fazendo uma reverência e assim por diante.
- Seu bebê vai adorar imitar você.

Não!

Ponto de referência do desenvolvimento: os bebês de 9 a 12 meses já dizem "não" com a palavra e com um gesto, ao balançar a cabeça de um lado para o outro.

- Cante as palavras seguintes duas vezes: vire a cabeça de um lado para o outro toda vez que disser "não": "Não, não, não, eu gosto de dizer não".
- Diga: "Não, não, não, não, não, não, não, não, não, não. Eu gosto de dizer não".
- Repita, substituindo "não" por sim e fazendo o gesto correspondente, que é abaixar e levantar a cabeça, toda vez que disser "sim".

Curtir livros

Ponto de referência do desenvolvimento: os bebês de 9 a 12 meses já gostam de ver livros com você.

- Ver livros junto com o seu bebê promove o seu desenvolvimento da linguagem. Nessa tenra idade, é importante você deixar seu filho ser o guia. Ele talvez só goste de ver livros durante muito pouco tempo.
- Uma forma de ajudá-lo a curtir os livros durante mais tempo é começar com um livro de figuras de animais e perguntar: "Onde está a vaca?". Ao perguntar, ponha o dedo em cima da figura da vaca enquanto diz: "vaca". Faça a mesma pergunta de novo e ponha outra vez o dedo em cima da vaca ao dizer a palavra "vaca".
- Continue com outros animais e com livros que mostrem outras coisas.

Olhar figuras

Ponto de referência do desenvolvimento: os bebês de 9 a 12 meses já gostam de ver livros com você.

- Recorte figuras coloridas de revistas e cole-as num caderno em branco.
- Selecione ilustrações familiares, como a de um telefone, um cachorro, um carro, uma cenoura ou uma bola.
- Sente-se com seu bebê e veja as figuras junto com ele. Enquanto olham para elas, converse sobre o que estão vendo. Diga, por exemplo: "Essa é a ilustração de um telefone. Onde está o telefone?".

Um álbum de retratos de família

Ponto de referência do desenvolvimento: os bebês de 9 a 12 meses já gostam de ver livros com você.

- Faça um álbum de retratos para ver com seu filho colocando uma foto de cada membro da família por página.
- Quando olhar o álbum com seu bebê, comente os detalhes da figura. Por exemplo: "A vovó está usando um vestido vermelho" ou "A tia Maria tem um sorriso lindo".
- Lembre-se de incluir fotos de animais de estimação da família.
- Essa atividade desenvolve a capacidade de expressão verbal e ensina a criança a folhear as páginas de um livro, além de ser uma experiência maravilhosa que ajuda a fortalecer os vínculos afetivos entre vocês dois.

Preencher as lacunas

Ponto de referência do desenvolvimento: os bebês de 9 a 12 meses já gostam de ver livros com você.

- Ler regularmente para o seu bebê aumenta dramaticamente o seu vocabulário.
- Ao ler um livro para o seu filho, chame sua atenção apontando para uma figura e dizendo: "Olha, um gatinho!". Se o seu bebê apontar ou responder verbalmente, não deixe de responder. Você pode dizer, por exemplo: "Sim, o gatinho está subindo numa árvore".
- O que você está fazendo? Está preenchendo as lacunas com as palavras que o seu bebê ainda não consegue dizer. Esse tipo de diálogo é intelectualmente estimulante para o seu filho.
- A maior recompensa é um vocabulário maior para o seu bebê.

Fazer um som

Ponto de referência do desenvolvimento: os bebês de 9 a 12 meses já copiam e imitam o que você faz.

- Mostre a seu bebê que ele já consegue fazer muitos tipos de sons com a boca.
- Sente seu bebê num lugar em que ele possa ver claramente o seu rosto.
- Faça ruídos com a boca e incentive seu filho a imitar você. Por exemplo: sons de beijos, estalar a língua, fazer sons que imitam o motor de um barco, rosnar, guinchar, gorgolejar, arrulhar, zumbir, e também sons que imitam a voz dos animais.

Faça como eu!

Ponto de referência do desenvolvimento: os bebês de 9 a 12 meses já copiam e imitam o que você faz.

- Brinque com seu bebê de "Fazer o que seu chefe mandar". Ele vai adorar tentar imitar você. Veja algumas coisas que vocês podem fazer:
- Movimentos sinuosos com os dedos enquanto diz: "Cobrinha, cobrinha, cobrinha".
- Abrir e fechar a mão.
- Mostrar a língua.
- Estalar a língua.
- Soprar.

Pentear o cabelo

Ponto de referência do desenvolvimento: os bebês de 9 a 12 meses já copiam e imitam o que você faz.

- Essa brincadeira maravilhosa desenvolve a capacidade motora fina do seu bebê.
- Sente-se no chão com seu filho. Penteie seu próprio cabelo quando ele estiver olhando para você. Diga: "Estou penteando o meu cabelo".
- Penteie o cabelo do seu bebê e diga: "Estou penteando o cabelo de (nome da criança)".
- Pegue uma boneca com cabelos e penteie-os, dizendo: "Estou penteando o cabelo da boneca".
- Dê o pente a seu bebê. Segure a boneca e diga: "(Nome da criança), você quer pentear o cabelo da boneca?".
- Guie sua mãozinha, se for necessário.

Você quer mais?

Ponto de referência do desenvolvimento: os bebês de 9 a 12 meses já copiam e imitam o que você faz.

- O gesto que indica *mais* na linguagem dos surdos é perfeito para você ajudar seu filho a entender o poder das palavras. Há muitas oportunidades para você perguntar a seu filho, "Você quer mais?" e mostrar-lhe o sinal de *mais*:

✓ Quando você o alimentar ou oferecer uma bebida.
✓ Enquanto você canta, embala ou o aconchega na hora de dormir.
✓ Quando vocês estiverem brincando ou dançando.

- Se ele verbalizar ou tentar fazer o sinal de *mais*, diga-lhe: "Obrigada por me dizer que quer *mais*" e, em seguida, dê-lhe o que ele quer, como: mais comida, mais bebida, mais abraços ou mais brincadeiras.
- Você também pode pegar seus dedinhos e delicadamente fazer com eles o sinal de *mais* com suas mãos. Depois diga-lhe: "O gesto para *mais*" e dê-lhe o que ele pediu!

Sacuda aquele chocalho!

Ponto de referência do desenvolvimento: os bebês de 9 a 12 meses já gostam de cantar.

- Dê um chocalho a seu bebê para ele começar a entender que pode participar do mundo da música e dos sons.
- Cante músicas conhecidas e incentive seu bebê a usar o seu chocalho.
- Quando seu bebê estiver pronto, dê-lhe colheres de pau e panelas nas quais ele possa bater enquanto você canta.

Cante essa música!

Ponto de referência do desenvolvimento: os bebês de 9 a 12 meses já gostam de cantar.

- Escolha três ou quatro entre as músicas prediletas de seu filho. Arranje brinquedos ou outros objetos que ilustrem palavras que aparecem nessas músicas, como um pirulito para "Pirulito que bate, bate" ou um sapinho de pano para "O sapo não lava o pé".
- Ponha os objetos dentro de um saco ou de uma caixa.
- Dê a caixa para o seu bebê e deixe que ele pegue um objeto da caixa e então cante a música que combina com esse objeto.
- Você pode ter mais de um brinquedo ou objeto para representar uma música. Por exemplo: um papagaio de feltro e um envelope, para ilustrar "Papagaio louro".
- Essa é uma forma maravilhosa de desenvolver a capacidade de expressão verbal do seu bebê.

Diga o nome

Ponto de referência do desenvolvimento: os bebês de 9 a 12 meses já dizem várias palavras.

- Sente-se no chão com o seu bebê.
- Pegue dois de seus brinquedos favoritos e coloque-os na frente de vocês dois.
- Escolha o primeiro brinquedo (uma bola, por exemplo) e diga: "Isso é uma bola". Pegue o segundo brinquedo (um carrinho, por exemplo) e diga: "Isso é um carro".
- Pegue de novo o primeiro brinquedo e diga: "Isso é ...". (Faça uma pausa para ver se o seu bebê consegue dizer o nome do brinquedo.)
- Continue adicionando palavras à medida que seu filho for progredindo nessa atividade. Essa é uma forma excelente de desenvolver o vocabulário do seu filho.

Alô!

Ponto de referência do desenvolvimento: os bebês de 9 a 12 meses já dizem várias palavras.

- Atenda um telefone imaginário e converse usando palavras que o seu bebê conhece.
- Diga coisas como: "Alô, (nome da criança), eu amo você".
- Seu bebê vai gostar de ouvir você cantar uma música ao telefone.
- Dê o telefone a seu bebê para ele também falar com você.

Conversas entre os brinquedos

Ponto de referência do desenvolvimento: os bebês de 9 a 12 meses já dizem várias palavras.

- Usar os brinquedos de seu filho como marionetes que conversam entre si é uma forma maravilhosa de desenvolver a capacidade de expressão verbal do seu bebê.
- Escolha um brinquedo, como um carrinho, e dê a seu bebê um bicho de pelúcia.
- Segue o exemplo de uma conversa que poderia acontecer entre o bicho de pelúcia e o carrinho. Você tem de fazer todas as falas, para o carrinho e para o bicho de pelúcia.

Você: "Eu sou um carrinho. Posso levar você para dar um passeio."
Bebê: "Eu gosto do carrinho." (Ajude seu filho a movimentar o bicho de pelúcia como se ele estivesse falando.)
Você: "A gente podia ir de carro até a pracinha."
Bebê: "Eu gosto de ir à pracinha. Lá eu vejo os esquilos."

- Continue essa conversa enquanto incentiva seu bebê a responder com palavras, sorrisos, gestos e assim por diante.
- Essa é uma forma gostosa de aumentar o vocabulário de seu filho.

Onde está a colher?

Ponto de referência do desenvolvimento: os bebês de 9 a 12 meses já dizem várias palavras.

- Essa experiência aumenta a capacidade de expressão verbal de seu bebê. A repetição também ajuda a desenvolver a memória.
- Pegue um objeto ou um brinquedo. Pegue uma colher, por exemplo, e diga: "Isso aqui é uma colher, uma colher muito brilhante".
- Esconda a colher atrás das costas e pergunte: "Onde está a colher, a colher muito brilhante?".
- Mostre novamente a colher e diga: "Aqui está a colher, a colher muito brilhante".
- Toda vez que disser: "Aqui está a colher, a colher muito brilhante", ponha a mãozinha do bebê na colher.
- Repita com outros objetos. Comece com itens familiares a seu bebê.

Coisas engraçadas

Ponto de referência do desenvolvimento: os bebês de 9 a 12 meses já riem de coisas engraçadas.

- Como o seu bebê está desenvolvendo o senso de humor, faça coisas engraçadas que o façam rir.
  - ✓ Finja que está tomando leite na sua mamadeira ou num copo com tampa e buraquinho.
  - ✓ Faça de conta que vai vestir uma de suas roupas, ou que vai calçar seus sapatos.

Rir é o melhor remédio para o estresse

Ponto de referência do desenvolvimento: os bebês de 9 a 12 meses já dizem várias palavras.

- A risada diminui o estresse e cria uma atmosfera relaxante.
- Estufe as bochechas e peça ao bebê para tocar seu nariz. Quando ele fizer isso, solte o ar e deixe as bochechas voltarem ao normal. Incentive seu filho a fazer o mesmo.
- Puxe sua orelha a mostre a língua. Peça ao bebê para puxar sua orelha e, quando ele fizer isso, ponha a língua para fora.
- Peça a seu filho para lhe dar um tapinha na cabeça. Quando ele der a batidinha, faça um som engraçado.
- Essas atividades são muito divertidas, tanto para você quanto para o seu filho. Prepare-se para repeti-las muitas e muitas vezes!

Álbum de família

Ponto de referência do desenvolvimento: os bebês de 9 a 12 meses já dizem "mamãe" e "papai" para a pessoa certa.

- Pegue várias fotografias de familiares e amigos.
- Diga a seu bebê: "Onde será que o papai está hoje? Vamos procurar o seu retrato".
- Mostre duas ou três fotografias a seu bebê, uma das quais é de seu pai. Ajude o bebê a identificar seu pai.
- Repita com outros membros da família.
- Essa experiência desenvolve no bebê a sensação de pertencer a um grupo.

Pula-pula

Ponto de referência do desenvolvimento: os bebês de 9 a 12 meses já compreendem o significado das palavras dentro de um contexto.

- Divirta-se com o seu bebê com essa brincadeira de pula-pula: sente-se numa cadeira com seu bebê nos seus joelhos. Ele deve ficar de frente para você. Segure-o pela cintura...
- Diga: "Pula, pula, pra cima!" enquanto você joga seu filho para o alto e o mantém lá um pouquinho.
- Diga: "Pula, pula, pra baixo!" enquanto abre os joelhos e deixa que ele caia entre as suas pernas (enquanto você continua a segurá-lo pela cintura).
- Diga: "Pula, pula, pra mim!" enquanto puxa a criança na sua direção.

- Diga: "Pula, pula, pra fora!" enquanto afasta seu bebê.
- Por fim, diga: "Pula, pula, pra cima, pra baixo, pra mim, pra fora" e executa cada uma das ações ao dizer a palavra.

A árvore

Ponto de referência do desenvolvimento: os bebês de 9 a 12 meses já compreendem o significado das palavras dentro de um contexto.

- Escolha uma palavra e diga-a para seu bebê de muitas formas diferentes. Se escolher a palavra "árvore", por exemplo, pode fazer o seguinte:
  - ✓ Sair de casa e tocar uma árvore enquanto diz "árvore".
  - ✓ Usar a palavra árvore numa frase.
  - ✓ Sentar-se embaixo de uma árvore.
  - ✓ Dizer para a criança que a árvore é grande.
  - ✓ Olhar para as belas folhas que a árvore tem.
- Fazer músicas ou poemas com a palavra "árvore".
- Faça isso durante vários dias e então, quando vocês dois estiverem ao ar livre, pergunte a seu bebê: "Onde está a árvore?".

Repetir as palavras

Ponto de referência do desenvolvimento: os bebês de 9 a 12 meses já compreendem o significado das palavras dentro de um contexto.

- Segundo Linda Acredolo e Susan Goodwyn, no livro *Baby Minds*, os bebês cujos pais e outros responsáveis conversam bastante com eles têm um QI bem maior e vocabulário muito mais extenso do que as outras crianças quando estão maiores, de modo que a interação é particularmente importante agora.
- Use um grande número de palavras ao conversar com seu bebê, descrevendo o seu ambiente quando estiverem passeando, no supermercado e no carro.
- Repita algumas das palavras que usou antes, no decorrer do dia. Por exemplo: se você viu maçãs no supermercado, diga: "Hoje eu vi maçãs e laranjas no supermercado". E, se vocês forem à pracinha, diga: "Vimos muitas crianças na pracinha".
- Repetindo palavras familiares ajudamos a desenvolver o vocabulário do bebê.

Conceito de um

Ponto de referência do desenvolvimento: os bebês de 9 a 12 meses já compreendem o significado das palavras dentro de um contexto.

- Segundo www.smartbaby.com, alguns estudos sugerem que os bebês começam a entender o conceito de unidade bem novinhos. Segue uma brincadeira que os pesquisadores usam para mostrar que os bebês compreendem esse conceito.

- Quando seu bebê estiver prestando atenção em você, estique o seu indicador direito para cima e diga: "Um".
- Abaixe o seu indicador direito de modo a ficar com a mão fechada e estique o mindinho direito, dizendo: "Um".
- Faça uma pausa de alguns segundos e diga: "Um" de novo.
- Abaixe o mindinho e fique de novo com a mão fechada. Estique o polegar direito e diga: "Um". Faça outra pausa de alguns segundos e diga: "Um" de novo.
- Você acaba de demonstrar o conceito de "um" três vezes, usando o dedo indicador, o mindinho e o polegar.
- Repita o mesmo procedimento com a outra mão.

O nariz do ursinho

Ponto de referência do desenvolvimento: os bebês de 9 a 12 meses já compreendem o significado das palavras dentro de um contexto.

- Essa brincadeira de dizer o nome das partes do corpo vai aumentar o vocabulário de seu bebê e desenvolver a sua capacidade cognitiva.
- Você vai precisar de um ursinho de pelúcia (ou outro bichinho qualquer) para fazer a brincadeira.
- Toque no seu próprio nariz e diga: "Este é o meu nariz".
- Toque o nariz de seu filho e diga: "Este é o seu nariz".
- Toque o nariz do ursinho de pelúcia e diga: "Este é o nariz do ursinho".
- Peça a seu bebê para tocar o seu nariz, o dele e o do ursinho.
- Repita a brincadeira com outras partes do corpo.

Chacoalha, bebê, chacoalha

Ponto de referência do desenvolvimento: os bebês de 9 a 12 meses já seguem instruções simples.

- Pegue um chocalho e dê outro a seu bebê.
- Sacuda o seu chocalho e diga a seu bebê: "Agite o chocalho".
- Pegue a mão do bebê que está segurando o chocalho e sacuda. Ao fazer isso, diga: "Agite o chocalho".
- Faça isso várias vezes, de modo que seu filho ouça bem as palavras que você diz.
- Diga: "Agite o chocalho" a seu bebê para ver se ele reage sacudindo a mãozinha e o objeto.
- Essa experiência melhora a capacidade auditiva de seu filho.

Limpar o rosto

Ponto de referência do desenvolvimento: os bebês de 9 a 12 meses já seguem instruções simples.

- Incentivar a independência de seu filho ajudando-o a desenvolver a capacidade de cuidar de si mesmo promove sua autoconfiança e autoestima.
- Depois que ele terminar de comer, dê-lhe uma toalha de rosto aquecida para ele limpar o rosto e as mãos. Mostre-lhe como limpar cada dedinho, um por um, enquanto você diz: "Um dedo limpo, viva!". Repita com todos os dedos.
- Essa atividade desenvolve a capacidade motora fina de seu bebê.

Na posição certa

Ponto de referência do desenvolvimento: os bebês de 9 a 12 meses já seguem instruções simples.

- Pegue dois dos brinquedos favoritos de seu filho e coloque-os de cabeça para baixo.
- Peça a ele para colocá-los na posição certa. Talvez seja preciso que você mostre a ele o que fazer.
- Quando ele conseguir, elogie-o entusiasticamente.
- Essa atividade desenvolve a capacidade de raciocínio de seu filho.

As coisas simples são as melhores

Ponto de referência do desenvolvimento: os bebês de 9 a 12 meses já seguem instruções simples.

- Peça a seu bebê para fazer coisas simples, como as seguintes:
  - ✓ Dar "tchauzinho".
  - ✓ Bater palmas.
  - ✓ Tocar o próprio nariz.
  - ✓ Jogar beijo.
  - ✓ Imitar a voz da vaca.
- Essa experiência desenvolve a capacidade auditiva de seu filho e ajuda você a perceber o que ele entende e não entende.
- Se descobrir que ele não consegue obedecer algumas dessas ordens, mude-as para algo mais simples que ele consiga fazer. Quando seu bebê estiver preparado, peça-lhe para fazer coisas mais complexas.

Embaixo do lençol

Ponto de referência do desenvolvimento: os bebês de 9 a 12 meses já seguem instruções simples.

- Essa brincadeira ajuda a desenvolver a capacidade de observação de seu bebê e o entendimento do conceito de "embaixo".
- Enquanto seu bebê estiver observando, esconda um brinquedo pequeno ou um livro embaixo de um travesseiro.
- Depois de esconder o objeto, peça a seu filho para encontrá-lo.
- Se ele não entender, faça o mesmo pedido de novo, leve-o até o travesseiro e mostre-lhe o brinquedo ou livro escondido embaixo dele.
- Diga-lhe que você vai esconder o brinquedo ou o livro embaixo do lençol; depois de fazer isso, peça-lhe para pegar o objeto.
- Repita escondendo o brinquedo ou o livro em lugares diferentes, mas onde eles fiquem "embaixo" de alguma coisa.

Figuras, figuras

Ponto de referência do desenvolvimento: os bebês de 9 a 12 meses já reconhecem figuras em livros ou revistas.

- Pegue uma revista e recorte uma figura familiar a seu bebê. Figuras de animais podem ser um bom começo.
- Converse com seu filho a respeito da figura, apontando o rosto, as orelhas e outras características.
- Corte a figura em dois pedaços.

- Ajude o bebê a juntar os dois pedaços de modo que a cauda e a cabeça do animal fiquem nos seus devidos lugares.
- Essa atividade é muito divertida para o seu bebê, além de promover o desenvolvimento da memória e da capacidade de concentração.
- Corte duas figuras ao meio e misture os pedaços. Ajude seu bebê a juntar as metades certas.

Ligar e desligar, abrir e fechar

Ponto de referência do desenvolvimento: os bebês de 9 a 12 meses já começam a entender o conceito de causa e efeito.

- Os bebês dessa idade já estão descobrindo que conseguem fazer as coisas acontecerem. Ao puxar uma maçaneta, eles abrem a porta de um armário. Eles adoram apertar o interruptor de luz, o controle remoto da TV e dos eletrodomésticos.
- Descreva o que está acontecendo para o seu bebê começar a entender que pode fazer certas coisas acontecerem apertando um botão, abrindo uma porta ou mexendo num interruptor.
- Você pode incrementar as experiências de causa e efeito do seu bebê ajudando-o a rolar uma bola na direção de uma torre de blocos. Diga: "Você derrubou os blocos!".

Descreva a ação

Ponto de referência do desenvolvimento: os bebês de 9 a 12 meses já compreendem o significado das palavras que ouvem.

- Descreva as ações de seu bebê: "Tiago, você levantou o bloco e depois o abaixou." "Laura, olha que lindos os seus sapatos! Você os tirou dos pés!".
- Quanto mais palavras o seu bebê ouvir, tanto mais vocabulário ele vai ter e tanto melhor leitor ele será mais tarde (para dispor de mais informações sobre isso, visite o website da International Reading Association – www.reading.org)
- Você é a pessoa que mais pode ajudar seu filho a ter gosto pela linguagem verbal.

Diga o nome do brinquedo

Ponto de referência do desenvolvimento: os bebês de 9 a 12 meses já compreendem o significado das palavras que ouvem.

- Coloque alguns brinquedos familiares numa caixa de sapatos. Algumas sugestões: um copo, um carrinho, uma colher, um bloco de madeira e um livro.
- Tire cada um dos objetos da caixa e diga o seu nome.
- Quando todos os objetos já estiverem fora da caixa, ponha-os de novo lá dentro.
- Peça a seu bebê para lhe dar um dos objetos. Quando ele o entregar, diga: "Obrigada por me dar (o nome do objeto)".
- Quanto mais você brincar de dizer o nome das coisas com o seu filho, tanto maior será a sua capacidade de expressão verbal.

Rostos

Ponto de referência do desenvolvimento: os bebês de 9 a 12 meses já compreendem o significado das palavras que ouvem.

- Essa brincadeira desenvolve a capacidade cognitiva do seu bebê e ajuda-o a aprender a identificar partes do rosto.
- Recorte a figura de um rosto de uma revista.
- Mostre o rosto a seu bebê. Toque os olhos e diga a palavra olhos; repita com o nariz e a boca.
- Toque e diga o nome dos olhos, nariz e boca de seu filho.
- Repita com os seus próprios olhos, nariz e boca.
- Faça isso algumas vezes e depois pergunte a seu bebê onde está o seu nariz. Ele pode tocar o próprio nariz, o seu, ou o nariz da figura. Todas essas respostas estão certas.

Fazer de conta

Ponto de referência do desenvolvimento: os bebês de 9 a 12 meses já gostam de fazer de conta.

- Quando o seu bebê estiver aprendendo a tomar líquidos no copo, sente-se a seu lado e coloque um bicho de pelúcia perto de vocês.
- Para incentivar seu filho a usar o copo, faça de conta que está dando de beber ao bichinho de pelúcia; depois, dê de beber ao seu filho um golinho do líquido que está no copo.
- Isso também desenvolve a criatividade do bebê.

Hora da sopa

Ponto de referência do desenvolvimento: os bebês de 9 a 12 meses já gostam de fazer de conta.

- Dê uma tigela de plástico a seu bebê e diga-lhe que você vai fazer sopa.
- Diga o nome de legumes que sejam familiares a seu bebê, como cenoura, batata e vagem e faça de conta que vai fazer uma sopa com eles.
- Dê a seu filho uma colher para mexer a sopa. Depois que a sopa estiver "pronta", faça de conta que a está tomando com a colher.
- Essa experiência criativa desenvolve a capacidade motora fina de seu bebê.

Borboletas

Ponto de referência do desenvolvimento: os bebês de 9 a 12 meses já gostam de fazer de conta.

- Este é um exemplo maravilhoso do quanto as crianças aprendem brincando.

  Nota: essa brincadeira vai ficar mais interessante se você mostrar figuras de borboletas a seu filho antes de fazer a atividade.
- Sente-se no chão e segure seu bebê no colo de frente para você.
- Faça com que ele dobre o corpo (use a palavra "casulo" se ele a conhecer) e dobre o seu corpo por cima do corpo dele.
- Enquanto você pergunta: "Borboleta, borboleta, onde está você?", usando a voz como se estivesse cantando, levante lentamente o seu corpo e o corpo de seu bebê.
- Levante-o no ar e diga-lhe para movimentar os braços como se fossem asas.
- Depois de erguê-lo no ar, diga: "Linda, linda borboleta, aí está você!" como se estivesse cantando.

Deixe-me ajudar

Ponto de referência do desenvolvimento: os bebês de 9 a 12 meses já compreendem os sinais que aprenderam da linguagem dos surdos.

- Os bebês dessa idade têm uma lista de coisas que desejam e precisam e, em geral, a única forma de pedi-las é por meio do choro ou fazendo birra.
- Dê um nome aos desejos de seu bebê e responda a eles: "Você deve estar com fome e com vontade de tirar uma soneca, de modo que vamos comer" ou "Você quer dar um passeio lá fora, de modo que vamos fazer isso depois de trocarmos a sua fralda". Nunca é cedo demais para uma criança aprender que adultos carinhosos e atentos podem responder ao "Eu quero!" de uma criança.
- Seu filho pode continuar fazendo birra se você não conseguir adivinhar qual o problema dele. Continue brincando de resolver problemas com o seu bebê, fazendo gestos da linguagem de sinais dos surdos para substituir as palavras que seu filho ainda não consegue lhe dizer, como *comer, brincar, leite* ou *cama.* Quando ele estiver em condições, pode usar esses sinais para lhe dizer o que quer ou precisa.

COMER

BRINCAR

LEITE

CAMA / DORMIR

Bem grande!

Ponto de referência do desenvolvimento: os bebês de 9 a 12 meses já respondem a perguntas familiares com gestos ou palavras.

- Brincar de perguntar qual é o tamanho do bebê incentiva a criança a se expressar.
- Pergunte a seu filho de que tamanho ele é. Se ele não levantar os braços para lhe mostrar, erga-os bem alto acima da cabeça e diga: "Bem grande!".
- Depois de repetir essa atividade várias vezes, seu bebê vai levantar os braços quando você disser: "Bem grande!".

Olha bem!

Ponto de referência do desenvolvimento: os bebês de 9 a 12 meses já respondem a perguntas familiares com gestos ou palavras.

- Os bebês desta idade estão começando a entender a linguagem verbal; estão percebendo que suas palavras e os gestos que você faz ao mesmo tempo em que as diz significam alguma coisa.
- Eles respondem às suas palavras e gestos com olhares e sorrisos, ou tocando e apontando quando você faz perguntas como: "Onde está o papai?", ou quando você diz: "Mostra onde está o cachorrinho nesta página do livro".
- Seu bebê vai começar a responder às suas palavras seguindo instruções simples, como: "Por favor, coma o cereal na mesinha do seu cadeirão!" ou "Me dá um abraço!".
- Ajude seu bebê a dominar a conexão entre as palavras que você diz e os gestos que você faz sempre acompanhando com alguns sinais da linguagem dos surdos algumas palavras-chave do vocabulário, como aqueles apresentados neste livro.

BRINCAR

- Seja persistente com seus sinais e dê a seu bebê muitas oportunidades de observar e praticar. A repetição é essencial para ele aprender a se comunicar através da linguagem de sinais. Continue pondo suas mãos em cima das dele para ele sentir os gestos com os próprios dedos.

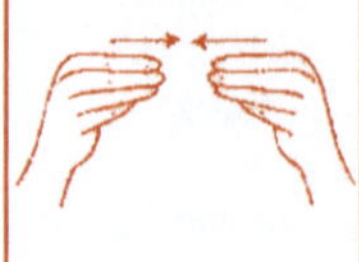

MAIS

Dá aquele brinquedo pra mim

Ponto de referência do desenvolvimento: os bebês de 9 a 12 meses já respondem a perguntas familiares com gestos ou palavras.

- Faça uma brincadeira de "compreensão de linguagem". Coloque no chão dois ou três dos brinquedos prediletos de seu filho, como uma bola e um cachorrinho de pelúcia.
- Peça a ele para tocar ou pegar a bola. Depois repita com o cachorrinho. Faça os gestos que indicam *cachorro* e *bola* na linguagem dos sinais enquanto pronuncia as palavras correspondentes.
- Responda com sorrisos, abraços e um "Obrigada por me dar a bola!".
- Você pode fazer a mesma atividade com figuras de um livro ilustrado. Peça a seu bebê para apontar a bola ou o cachorro na página do livro.

Gesto que designa cachorro: Dê um tapinha na perna com a mão fechada, como se estivesse chamando um cachorro. Depois que seu bebê começar a usar esse sinal (em geral, entre 9 meses e 1 ano de idade) ele vai dar o tapinha em uma das pernas, ou nas duas.

CACHORRO

Gesto que designa bola: Junte as mãos de modo a dar-lhes a forma de uma bola com os dedos encurvados. Depois que seu bebê aprender a usar esse sinal (em geral, entre 9 meses e 1 ano de idade), ele pode bater palmas ou apertar as palmas das mãos uma contra a outra.

BOLA

Índice remissivo

E

Referências

Livros

ACREDOLO, L. e GOODWYN, S. (2000). *Baby minds: Brain-building games your baby will love*. Nova York: Bantam Books.

BARNET, A. e BARNET, R. (1998). *The youngest minds: Parenting and genes in the development of intellect and emotion*. Nova York: Simon & Schuster.

BERGEN, D., REID, R. e TORELLI, L. (2011). *Educating and caring for very young children: The infant/toddler curriculum*. Nova York: Teachers College Press.

BERK, L. (2000). *Child development (5.ed.)*. Needham Heights, MA: Allyn & Bacon.

CHARNER, K., MURPHY, M. e CLARK, C. (orgs.) (2006). *The encyclopedia of infant and toddler activities*. Beltsville, MD: Gryphon House.

CROWE, R. e CONNELL, G. (2004). *Moving to learn*. Christchurch, Nova Zelândia: Caxton Press.

HIRSCH-PASEK, K. e GOLINKOFF, R.M. (2003). *Einstein never used flash cards: How our children really learn – and why they need to play more and memorize less*. Nova York: Rodale.

HOFF-GINSBERG, E. (1997). *Language development*. Pacific Grove, CA: Brooks/Cole.

OBERLANDER, J. (2007). *Fun start*. Londres: Harper Thorson.

OESTERREICH, L. (1995). *Ages & stages: Newborn to 1 year*. Em L. Oesterreich, B. Holt e S. Karas, S. *Iowa family child care handbook*. Ames, IA: Iowa State University Extension.

SILBERG, J. (1999). *125 brain games for babies*. Beltsville, MD: Gryphon House.

SILBERG, J. (2001). *Games to play with babies (3.ed.)*. Beltsville, MD: Gryphon House.

Artigos

ARNOLD, R. e COLBURN, N. (2005). "Oh! What a smart baby – What you need to know about children's brain development". *School Library Journal*, 51(2)37.

BRANNON, E.M. (abril de 2002). "The development of ordinal numerical knowledge in infancy". *Cognition*, 83, 223-240.

DENOON, D.J. (7 de agosto de 2007). "Smart baby" DVDs no help may harm. *WebMD Medical News*. Disponível online no endereço children.webmd.com/news/20070807/smart-baby-dvds-no-help-may-harm.

GOPNIK, A. (1996). The Post-Piaget era. *Psychological Science*, 7(4), 221-225.

KUHL, P.K. e MELTZOFF, A.N. (1996). "Infant vocalizations in response to speech: Vocal imitation and developmental change". *Journal of the Acoustical Society of America*, 100(4), 2425-2438.

MCGAHA, C. (2003). "The importance of the senses for infants". *Focus on infants and Toddlers*, 16(1).

NITSCHKE, J.B., NELSON, E.E., RUSCH, B.D., Fox, A.S., OAKES, T.R. e DAVIDSON, R.J. (fevereiro de 2004). "Orbitofrontal cortex tracks positive mood in mothers viewing pictures of their newborn infants". *Neuroimage*, 21(2), 583-592.

PARK, A. (6 de agosto de 2007). "Baby Einsteins: Not so smart after all". *Time*.

PHILLIPS-SILVER, J. e TRAINOR, L.J. (junho de 2005). "Feeling the beat: movement influences infant rhythm perception". *Science*, 308(5727), 1430.

Websites

aplaceofourown.net/question_detail.php?id=355 – informações sobre o desenvolvimento cerebral dos bebês do nascimento até 1 ano de idade

babyzone.com/baby/a1849 – para você curtir seu bebê do seu primeiro dia até o final do primeiro ano

bananasinc.org/uploads/1126298158.pdf – pontos de referência do desenvolvimento do bebê entre 0 e 12 meses brilliantbaby.com – atividades que tornam uma criança mais feliz e mais inteligente

drgreene.com – respostas para perguntas comuns feitas durante a gravidez e sobre a maternidade/paternidade

ed.gov/parents/earlychild/ready/healthystart/fourmonth.pdf – atividades para promover o desenvolvimento de bebês de 0 a 12 meses, mês a mês

fisher-price.com – informações sobre o desenvolvimento dos bebês de 0 a 12 meses

littlekidsgamesonline.com/newborn-babies.html – brincadeiras para fazer com recém-nascidos

nccic.org/pubs/goodstart/state-infant-elg.html – diretrizes para cuidar de crianças pequenas em todas as situações

ncsmartstart.org/index.htm – parceria da Carolina do Norte para crianças

parents.com/parents – muitas informações sobre bebês

pbs.org/parents/earlylearning/parentese.html – informações sobre a criação de bebês e crianças em idade pré-escolar

preksmarties.com – artigos sobre formas de ensinar os bebês, sobre a sua inteligência e maneiras de estimulá-la

reading.org – Associação Internacional de leitura

smartbaby.com

whitehouse.gob/firstlady/ed_8month_text.pdf – também existem arquivos semelhantes a este para as idades de 0 a 12 meses

zerotothree.org – tudo o que você quiser saber sobre bebês de 0 a 12 meses

Apresentação de slides PowerPoint

"Word segmentation: Effects of the native language and of the native dialect" de Thierry Nazzi, *Laboratoire Psychologie de la Perception, CNRS*, Université Paris.

LEIA TAMBÉM DA EDITORA GROUND

O Livro

SHANTALA - Uma arte tradicional - massagem para Bebês

Frédérick Leboyer

Shantala tornou-se um livro famoso em todo o mundo. Além do aspecto científico, o autor conciliou poeticamente as explicações da técnica de massagem em bebês com a sabedoria milenar de seu uso. Ele fotografou a seqüência completa de técnica milenar empregada por uma jovem mãe que massageava tranquilamente o seu bebê numa rua da Índia e unindo notavelmente o conhecimento que absorveu no Oriente com poesia, técnica e sabedoria, transformou este livro num instrumento de puro deleite para a mãe e o bebê.

O Filme

SHANTALA - Uma arte tradicional - massagem para Bebês

Frédérick Leboyer

Frédérick Leboyer guardou esta gravação por vários anos (apesar de ter sido filmada na época em que fez as fotos que deram origem ao famoso livro Shantala). Hoje, entretanto, ela se torna um complemento natural indispensável, na medida em que muitas pessoas tornaram esta prática profissional. A técnica terá sempre como base o livro, mas a prática certamente será redimensionada com o filme integral.

125 Brincadeiras
para estimular o cérebro do seu bebê
Jackie Silberg

Este livro contém brincadeiras para estimular o desenvolvimento do cérebro do bebê desde cedo, com base nas pesquisas mais recentes sobre a maneira pela qual as crianças aprendem. É repleto de idéias divertidas direcionadas ao período crítico que vai do nascimento aos 12 meses. Toda brincadeira tem informações sobre a última palavra em pesquisa cerebral e uma discussão sobre a forma como a atividade em pauta promove a capacidade do cérebro do bebê.

125 Brincadeiras
para estimular o cérebro da criança de 1 a 3 anos
Jackie Silberg

O cérebro de uma criança desenvolve-se a uma velocidade impressionante nos primeiros anos de vida, abrindo janelas de oportunidades para o aprendizado que só acontecem neste período da vida. Continuação natural de *125 Brincadeiras para Estimular o Cérebro do Seu Bebê*, este livro estimula adequadamente o cérebro da criança de 1 a 3 anos tendo como base uma coletânea divertidíssima de atividades que preparam o futuro do seu filho.

Tirar a Fralda sem Choro e sem Trauma

Penny Warner e Paula Kelly

Guia para o treinamento livre de estresse que inclui: reconhecimento dos sinais de prontidão, ensino e premiação de cada passo do progresso, como lidar com as recaídas e, sobretudo, como tomar divertido o processo. Também mostra técnicas criativas e conta histórias de pais bem sucedidos na administração deste período específico da vida de pais e filhos.

Brincando com o Yoga

Elisabetta Furlan

Neste livro, as técnicas do Yoga são apresentadas à criança com graça e humor, mostrando sua relação com posturas de animais. Pela simplicidade e clareza do método didático, este livro pode ser usado para o ensino do Yoga por crianças de 3 a 10 anos, seja por sua própria conta ou acompanhadas por adultos, pais ou professores. Um engraçado pôster colorido com todas as posturas acompanha o livro, visualizando a prática de seis animadas aulas passo a passo.

Yoga para Crianças
Heike Brand

De maneira agradável e lúdica, este livro traz os fundamentos do Yoga voltados para o pequeno público, apresentando as técnicas em meio a um campo fértil e criativo. Também oferece apoio pedagógico para os Instrutores e estimula a reflexão do ponto de vista filosófico na aplicação das técnicas do Yoga.

Ginástica Doce e Yoga para Crianças
Claude Cabrol e Paul Raymond

Programa completo de Ginástica Doce e Yoga para crianças. Os exercícios sugeridos, especialmente elaborados para crianças de 3 a 9 anos, ajudam a criança a ganhar consciência do seu próprio corpo e de suas possibilidades. O método se dirige tanto aos pais quanto aos professores. Alguns minutos são suficientes para estimular ou acalmar as crianças.

Impresso por :

Graphium
gráfica e editora

Tel.:11 2769-9056